Rhodos

Klaus Bötig

Reisen mit Erlebnis-Garantie

MERIAN-TopTen

Was Sie unbedingt sehen sollten

MERIAN-Tipps

Persönliche Empfehlungen

unserer Autoren

MERIAN-Bewertung

 Nicht zu übertreffen

Herausragend

Sehr gut

Für Familien

Für Eltern mit Kindern besonders

geeignet

Tourenplaner

Damit Sie leichter ans Ziel kommen

Der Blick von der etwa 400 m langen Mole auf Mandráki-Hafen und Bischofspalast ist besonders eindrucksvoll.

✦ Karten und Pläne

Die Buchstaben-Zahlen-Kombinationen im Text verweisen auf die Planquadrate der Karten.

Ganz und gar touristisch gibt sich Rhodos im äußersten Norden. Aber im Inselinneren und im Süden findet man noch ursprüngliche Dörfer.

Idyllische Enklave: Die nahe Ladikó gelegene legendäre Anthony-Quinn-Bay ist auf drei Seiten gegen das offene Meer hin abgeschirmt. Sie ist zum Schnorcheln ideal.

Die griechische Insel Rhodos hat viele sehr unterschiedliche Gesichter. Wer will, kann sich hier drei Urlaubswochen lang zwischen Hotel, Strand und Diskothek bewegen, ohne viel davon zu spüren, dass er sich überhaupt in Griechenland aufhält. Aber auch das genaue Gegenteil ist möglich: Man kann von Dorf zu Dorf, von Kloster zu Kloster wandern oder radeln und dabei fast vergessen, dass Rhodos nach Kreta die bedeutendste Urlaubsinsel in der Ägäis ist.

Zwischen diesen beiden Extremen ist alles machbar. Man hat die Wahl zwischen Hotelstränden mit Wassersportangeboten aller Art, weiten Buchten, an denen nur wenige Tavernen stehen, und Stränden, an denen man noch ganz allein liegt. Man kann in zentral gelegenen Luxushotels wohnen oder privat in kleinen Dörfern. Man kann den Komfort und das Unterhaltungsangebot beliebter Badeorte genießen oder Ausflüge in die rhodischen Berge und Wälder unternehmen. Man kann auf den Spuren von Antike, Byzanz und Kreuzrittertum wandeln oder sich ganz der Natur zuwenden, Kräuter sammeln und Orchideen suchen. Und dann gibt es auch noch die Möglichkeit zu Tagesausflügen per Schiff auf andere kleinere Inseln.

Der Dodekanes

Dodekánissa nennen die Griechen die Inselgruppe zwischen Pátmos und Rhodos, Kássos, Astipálea und Kastellórizo, die auf Deutsch Dodekanes genannt wird. Wörtlich übersetzt bedeutet das »Zwölf Inseln«. In Wirklichkeit aber besteht der Archipel aus 19 ständig bewohnten Eilanden, von denen Rhodos mit 1398 Quadratkilometern Fläche und knapp 70 000 Einwohnern das größte und bevölkerungsreichste ist. Die Stadt Rhodos ist das Verwaltungszentrum der ganzen Inselgruppe.

Das touristische Dreieck

Ganz und gar touristisch gibt sich die Insel Rhodos im äußersten Norden zwischen Flughafen, Faliráki und der Stadt Rhodos. Hotels, Restaurants, Diskotheken und Souvenirshops unterscheiden sich hier kaum von denen auf Mallorca oder Gran Canaria, Teneriffa oder Malta. Doch dieses Touristengebiet macht weniger als ein Zwanzigstel der Insel aus.

Und inmitten dieses künstlichen Molochs liegt ein wahrhaft romantisches Juwel: die Altstadt von Rhodos. Innerhalb ihrer völlig intakten Stadtmauern geht man durch Gassen, sitzt auf Plätzen, die Jahrhunderte entfernt sind von dem, was außerhalb der Mauern geschieht. Zwischen Kirchen und Moscheen, Ausgrabungen und Museen leben die Menschen hier noch immer in Häusern, die viele Jahrhunderte alt sind. Händler und Beamte arbeiten in Räumen, in denen sich vor 500 Jahren Kreuzritter versammelten, Urlauber schlafen in kleinen Pensionen, die noch vor 150 Jahren die Wohnstätten türkischer Familien waren.

Entlang der gesamten Ostküste südlich von Faliráki bis hinunter nach Gennádi liegen die schönsten Strände der Insel. Jede Bucht, jeder Strand ist hier anders. Einige Strände, wie der von Tsambíka, sind noch völlig unverbaut. An den Stränden von Kolímbia ist eine neue Hotelstadt aus

Die schönsten Strände

dem Boden gewachsen, in der man allerdings, anders als in Faliráki, mehr in die Breite als in die Höhe baute. Am Strand von Stegná stehen Hotels, ein Ferienclub, Wochenendhäuschen der Einheimischen und die Hütten der Fischer aus Archángelos, am langen Strand der Vlichá-Bucht ist zwischen den wenigen großen Hotels noch viel freier Raum. Hinter den Stränden von Péfki finden sich zahlreiche kleine Ferienvillen und moderne Apartmenthäuschen, am kilometerlangen Strand zwischen Kiotári und Gennádi ganz neue Großhotels; die dazugehörigen Dörfer liegen eher unauffällig im Hinterland.

So, wie das touristische Dreieck im Norden mit der Altstadt von Rhodos sein romantisches histo-

Ruhiger: der Inselsüden

risches Zentrum hat, ist Líndos das touristische Zentrum der eher ländlichen Ostküste. Mit den Hotelstädten im Norden ist es aber nicht vergleichbar. Kein Neubau verschandelt in Líndos das Ortsbild, durch die engen, von weiß gekalkten Häusern begrenzten

Gassen wälzt sich bis heute kein Autoverkehr. Líndos ist wie ein großes Freilichtmuseum, in dem es freilich im Sommer von Fremden nur so wimmelt. Ein Eigenleben wie die anderen Dörfer an der Ostküste hat es nicht mehr: In den Wintermonaten ist Líndos nahezu ausgestorben. Wer hier lebt, lebt vom Fremdenverkehr. Für Urlauber, die mehr das bilderbuchschöne Idyll als die griechische Realität suchen, ist es also ein idealer Aufenthaltsort, der zudem noch gute Sandstrände besitzt. An der gesamten Westküste zwischen dem Flughafen und Apolakkiá steht kaum ein Hotel. Der Grund dafür ist einfach: Es gibt hier nur ganz wenige kurze Strände und auch nur wenige Orte, die zum Teil hoch über dem Meer in den Bergen liegen.

Im Südwesten von Rhodos und im Inselinnern geht das Leben noch weitgehend unberührt vom Fremdenverkehr seinen Gang. Einige wenige Übernachtungsmöglichkeiten gibt es zwar auch hier, doch die meisten Fremden, die die Dörfer besuchen, halten sich hier nur für ein paar Minuten auf. Wer griechische Lebensart kennen lernen will, ist in Orten wie Kattavía oder Apolakkiá, Asklípion oder Siána, Archípolis oder Psínthos am besten aufgehoben. In Lachaniá kann man sogar historische Dorfhäuser für die Ferien mieten. Aufs Badevergnügen braucht man dennoch nicht zu verzichten. Der ausgedehnteste Strand der Insel, Prassoníssi, liegt im äußersten Süden – und die Kiesstrände zwischen Kattavía und Apolakkiá sind überall menschenleer.

Den meisten Bewohnern der stillen Dörfer ist es im Gegensatz zu manchen Besuchern gar nicht recht, dass der Fremdenver-

Sorgen und Hoffnungen der Dorfbewohner

kehr von ihnen bisher kaum Notiz genommen hat. Sie beklagen die Auszehrung der Dörfer. Zwar zieht heute kaum noch ein Rhodier als Arbeitsemigrant nach Deutschland oder Amerika, wie das vor 40 Jahren gang und gäbe war, doch wandern die jungen Leute jetzt stattdessen in die Stadt ab. Die Insel ist fruchtbar. Mit **Obst** und **Gemüse** kann sich Rhodos weitgehend selbst versorgen, **Wein** wächst im Überfluss. Die Hotels und Restaurants sichern den Absatz der Produkte zu guten Preisen, so dass man in vielen Gegenden jetzt dazu übergegangen ist, der Natur mit Gewächshäusern, die allein von der Sonne beheizt werden, nachzuhelfen. Auch der Bedrohung durch zu große Trockenheit hat man den Kampf angesagt. Ein erster Stausee ist Ende der achtziger Jahre im Süden von Rhodos entstanden. Auch die **Fischerei** ist einträglich, obwohl der von rhodischen Fischern erbrachte Fang längst nicht mehr für den sommerlichen Bedarf ausreicht.

Davon profitieren jetzt die Fischer kleinerer Nachbarinseln wie Tílos oder Chálki, die auf Rhodos ihre Fänge anlanden. Das Leben auf den Dörfern wird dadurch aber nicht attraktiver. Man spürt sogar Nachteile: Die große Nachfrage nach Fisch und Landwirtschafts-produkten in den Touristenzentren lässt auch für die Landbewohner die Preise steigen. Nicht jeder profitiert von diesem Boom. Dennoch setzen immer mehr Dörfer auf den **Tourismus**. Die erste Voraussetzung dafür ist der Anschluss an Asphaltstraßen in mindestens zwei Richtungen, damit auch Urlauber, die mit Leihfahrzeugen unterwegs sind, ins Dorf kommen können. Sind die Straßen erst mal da, verläuft die weitere Entwicklung meist völlig unkoordiniert. Wer immer das Geld hat oder ein Darlehen von der Bank bekommt, baut Fremdenzimmer oder Pensionen. Dadurch entsteht ein Überangebot, das die Reisebüros auf Rhodos zu nutzen wissen: Sie handeln die Zimmerpreise so weit herunter, dass für den Zimmervermieter kaum noch eine vernünftige Rendite übrig bleibt.

Von der Antike zur Gegenwart

Griechisch sind die Inseln des Dodekanes erst wieder seit dem 31. Dezember 1947. Vorher standen sie über 700 Jahre lang unter der Herrschaft der Genueser und Venezianer, der Johanniterritter und der Türken, der Italiener, der Deutschen und der Engländer. Sie haben fast alle Spuren auf den Inseln hinterlassen, so dass der Dodekanes ein interessantes Urlaubsziel für Urlauber mit historischem und kunstgeschichtlichem Interesse ist.

Zwei archäologische Stätten auf Rhodos muss man ganz einfach gesehen haben: **Kámiros** und die **Akropolis von Líndos**. Sie sind

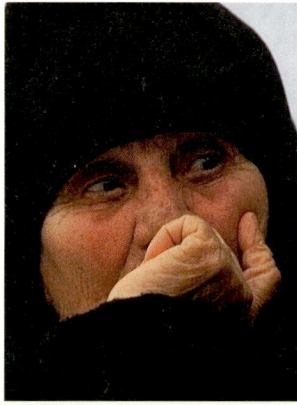

Oben: Im Leben der älteren Insel-
bewohner spielt der orthodoxe Glaube
eine wichtige Rolle. Witwen tragen
bis an ihr Lebensende Schwarz.

Mitte: Die Grabstele der Timarista
im Archäologischen Museum von
Rhodos-Stadt ist ein bedeutendes
Werk der Hochklassik aus dem
5. Jahrhundert v. Chr. (→ S. 46).

Unten: In der Altstadt von Rhodos
ist vieles so geblieben, wie es
vor Jahrhunderten war – ein einzig-
artiges Freilichtmuseum.

schon allein wegen ihrer landschaftlichen Lage äußerst sehenswert. Die teilweise rekonstruierten Bauten des Athena-Heiligtums von Líndos liegen auf einem felsigen Kap hoch über dem Meer und dem Dorf Líndos mit seinen weißen kubischen Flachdachhäusern; die völlig einsam in einer ländlichen Umgebung eingebetteten Grundmauern des alten Kámiros beeindrucken auch durch die Farbharmonie von grünen Bäumen und dem nahen blauen Meer. Líndos und Kámiros waren zusammen mit Iálissos in der Antike die Hauptstadt der rhodischen Staatsgebilde, die dann im Jahre 408 v. Chr. gemeinsam die neue Stadt Rhodos gründeten. Vom antiken Iálissos ist kaum etwas übrig geblieben, trotzdem lohnt sich die Fahrt hinauf auf den Filérimos-Berg, allein schon wegen des Ausblicks. Die Bauten auf der Akropolis der antiken Stadt Rhodos, dem heute Monte Smith genannten Höhenrücken, mögen zwar manchen abschrecken, weil sie weitgehend fantasievolle Rekonstruktionen aus der italienischen Besatzungszeit sind – andere aber werden von ihnen vielleicht besonders beeindruckt sein, weil sie anschaulicher sind als die doch sehr viel Fantasie fordernden Überreste von Kámiros und Líndos.

Ergänzt werden kann der Zeitsprung in die Antike durch einen Besuch im Archäologischen Museum der Stadt Rhodos. Hier befindet sich die kleine Statue der hockenden Venus, die inzwischen von den Archäologen als Nymphe Rhodi interpretiert wird. Auch im Großmeisterpalast, dessen Fußböden die Italiener mit antiken Mosaiken von der Insel Kos geschmückt haben, begegnet man antiker Kunst.

Erlebnis: Kirchen und Klöster

Aus der byzantinischen Zeit (6. Jahrhundert bis 1453) sind auf Rhodos zahlreiche Kirchen und Klöster erhalten. Sie legen, auch wenn sie erst nach dem Fall von Byzanz entstanden oder mit Wandmalereien ausgeschmückt wurden, ein beredtes Zeugnis vom Fortleben **byzantinischer Traditionen** ab. Schöne Beispiele dafür sind die vollständig mit Fresken ausgemalten Kirchen der Verkündigung am Mandráki-Hafen der Stadt Rhodos und der Panagía in Líndos sowie die ganz einsam inmitten der Insel bei Eleoúsa gelegene Kirche Ágios Nikólaos Fountoúklí.

Wer die einsam in Feldern und Wäldern gelegenen, nur ganz selten von Fremden angesteuerten

❗ MERIAN-Lesetipp

Die ideale Lektüre für Ihren Rhodos-Urlaub ist das Werk des britischen Dichters Lawrence Durrell: **Leuchtende Orangen. Rhodos – Insel des Helios** (erschienen als rororo-Taschenbuch). Durrell schildert die Insel, ihre Menschen, Dörfer und Landschaften so, wie er sie von 1945 bis 1947 erlebte. Sein Buch ist eine einzige Liebeserklärung an dieses faszinierende Stück Erde.

Kapellen der Insel besucht, kann auch dann Freude daran haben, wenn er sich nicht sonderlich für Kirchenkunst interessiert. Denn größere Stille als an den Kapellen des Ágios Thomás bei Mesanagrós oder des Ágios Geórgios o Várdas bei Apolakkiá wird man wohl kaum irgendwo auf Rhodos finden.

Zu einem großen Erlebnis kann aber auch der Besuch eines orthodoxen Gottesdienstes am Sonntagmorgen werden. Die Einheimischen kommen und gehen,

Glaube und Gastfreundschaft

wann sie wollen, so dass auch der Fremde, der nur für ein paar Minuten bleiben will, nicht stört.

Klöster gab es auf Rhodos einst viele. Seit 1990 unternimmt der Bischof von Rhodos Anstrengungen, zumindest einige der seit dem Zweiten Weltkrieg leer stehenden Klöster wieder zu beleben. So sind im Kloster Thári bei Láerma wieder Mönche, im Kloster Ipsenís bei Lárdos wieder Nonnen eingezogen. Wer Zeit mitbringt und versucht, mit ihnen ins Gespräch zu kommen, wird meist mit großer Gastfreundschaft belohnt. So kann es dem Besucher hier noch passieren, dass er zu einem Gläschen Rakí oder zu einer puderzuckerbestäubten Süßigkeit eingeladen wird.

In der Altstadt von Rhodos wird die wechselvolle Geschichte der Insel lebendig – vor allem die mehr als 200 Jahre, in denen die Kreuzritter die Insel beherrschten,

und die über 350 Jahre der Türkenherrschaft. Beeindruckend sind allein schon die mächtigen Stadttore; ganz erfassbar wird der große Aufwand, mit dem die Ritter

Beeindruckend: die Altstadt von Rhodos

sich gegen den türkischen Feind schützten, aber erst bei einem Rundgang über die Stadtmauern. Beim Anblick der Ritterstraße bedarf es nur geringer Vorstellungskraft, um hier wieder Adlige aus ganz Europa in ihren Ritterrüstungen erstehen zu lassen, und selbst der von den Italienern sehr frei rekonstruierte Großmeisterpalast lässt noch etwas von der Macht des Johanniterordens ahnen, die dieser im Mittelalter besaß. Das ehemalige Ordenshospital schließlich, heute Archäologisches Museum, erzählt von der selbst gewählten humanitären Aufgabe der Ritter. Es lässt aber auch den Reichtum des Ordens verspüren.

Stimmungsvoller als am Tage ist ein Rundgang durch die schmalen Gassen der **Altstadt** am Abend. Und wer sich ganz von der Atmosphäre vergangener Zeiten einfangen lassen will, sollte ins Türkische Bad gehen, das schon seit 1765 den Bewohnern der Altstadt als Stätte der Reinlichkeit und der Geselligkeit dient.

So hat Rhodos wirklich jedem etwas zu bieten. Man muss nur bereit sein, sich auch außerhalb der breiten Straßen zu bewegen und ins unberührte Inselinnere vorzudringen.

Staatlich geprüft: Hotels und Pensionen werden in Kategorien klassifiziert, die Preise müssen im Zimmer aushängen. Verhandeln kann man trotzdem.

Einfache, aber gemütliche Unterkünfte findet man in allen Badeorten.

Alle Hotels und Pensionen, aber auch ein Großteil der Privatzimmer und Ferienhäuser auf Rhodos unterliegen der regelmäßigen Kontrolle der Griechischen Zentrale für Fremdenverkehr. Sie vergibt die Lizenzen, überwacht die Preise und beurteilt die Betriebe.

Preisunterschiede bedeuten keineswegs grundsätzlich Komfortunterschiede. Außerhalb der Hauptsaison können Sie erheblich günstiger wohnen, die Preise liegen dann zum Teil um 30 bis 50 Prozent unter denen der Hauptsaison.

Ist ein Hotel oder eine Pension nur schlecht belegt, kann man meist um den Übernachtungspreis feilschen.

Einzelzimmer sind vor allem in der Hauptsaison unverhältnismäßig teuer. Manche Hotels verlangen für ein Doppelzimmer zur Alleinbenutzung sogar den vollen Doppelzimmerpreis. Festgelegt sind auch die Zuschläge für ein Zustellbett (bis zu 20 Prozent) und für eine Übernachtungsdauer von maximal zwei Nächten (bis zu 10 Prozent).

Alle in Rechnungen ausgewiesenen Übernachtungspreise enthalten grundsätzlich die Mehrwertsteuer und das Bedienungsgeld. Schriftliche oder telefonische Vorausreservierungen sind grundsätzlich möglich. Empfehlenswert sind sie vor allem im Juli und August. Reserviert man bereits von Deutschland aus, geschieht das am besten per Fax oer E-Mail. Größere Hotels geben sich auch mit der Kreditkartennummer zufrieden und buchen dann im Falle des Nichterscheinens des Gastes die erste Nacht per Kreditkarte ab. Stellt der Vermieter dem Gast frei, mit oder ohne Frühstück zu buchen, verzichtet man besser darauf. In den meisten Hotels fällt es spartanisch karg aus – in Cafés und Tavernen frühstückt man besser und preiswerter. Auch das

Halbpensionessen ist in den meisten Hotels enttäuschend – Tavernen sind billiger, origineller und fast immer in der unmittelbaren Nähe. Ruhig gelegen sind nur wenige Hotels auf Rhodos. Hauptquelle der Lärmbelästigung sind vorbeiknatternde Mopeds und Musik aus Bars und Tavernen.

Seit 1997 gibt es auch auf Rhodos mehrere Hotels, die einen All-inclusive-Urlaub anbieten. Wer daran interessiert ist, durchblättert am besten die Kataloge der Reiseveranstalter.

Hotels sind bei den einzelnen Orten im Kapitel »Sehenswerte Orte« beschrieben.

❗ MERIAN-Tipp

Hotel Ladikó Eine halbe Gehstunde vom Touristenzentrum Faliráki entfernt liegt ganz ruhig das Hotel Ladikó. Von der Frühstücks- und Caféterrasse aus man einen schönen Blick aufs Meer – die kleine, idyllische Bucht, nach der das Hotel benannt ist, ist nur 200 Meter entfernt. Der Golfplatz von Afándou ist vier Kilometer entfernt; zur Bushaltestelle an der Strecke Rhodos – Líndos läuft man 15 bis 20 Minuten. Alle Zimmer sind klimatisiert. Ladikó, Faliráki, Tel. 02 41/ 08 55 36, Fax 8 55 60, www. helios.gr/hotels/ladiko-bungalows, 42 Zimmer ⭐⭐ EURO VISA ■ F 6-7, S. 117

Alle in diesem Buch empfohlenen Unterkünfte auf einen Blick

Preisklassen

Die Preise gelten für eine Übernachtung im Doppelzimmer für zwei Personen ohne Frühstück in der Hauptsaison.
★★★★ ab 120 Euro
★★★ ab 75 Euro
★★ ab 40 Euro
★ ab 25 Euro

Fundstück eines Fischers: Die »Kauernde Aphrodite«, das wohl berühmteste Exponat des Archäologischen Museums (→ S. 46).

Richtig griechisch speist man in den rhodischen Dörfern. Im touristischen Norden von Rhodos muss der Urlauber seine Ess- und Trinkgewohnheiten kaum umstellen.

In der Altstadt von Rhodos gibt es viele solch stimmungsvoller Lokale, die bis spät in den Abend geöffnet sind.

Zwischen Triánda, Rhodos-Stadt und Faliráki gibt es eine Vielzahl von Restaurants und Bars, die ausländische Küche bieten. Ob deutsche Schweinshaxen oder chinesisches Chop-suey, indische Curries oder skandinavischer Sild, ungarisches Gulasch oder italienische Pasta und Pizza – alles wird angeboten.

Beim Bier hat man die Auswahl zwischen Beck's und Warsteiner, Löwenbräu, Henninger, Bitburger und Königs-Pilsener.

Einfache griechische Restaurants findet man hingegen fast nur in der Altstadt von Rhodos oder am Mandráki-Hafen – und natürlich in den Dörfern außerhalb der Touristenzentren.

Yoghurt aus Schafsmilch beispielsweise ist eine Köstlichkeit, die man am besten frisch in den Dörfern probiert. Wirklich hervorragend schmeckt er mit Honig. Einen besonders guten Ruf genießt übrigens der Yoghurt aus Siána, der dort in mehreren Geschäften direkt an der Hauptstraße verkauft wird.

Essgewohnheiten

Da die meisten griechischen Restaurants von mittags bis spät abends durchgehend geöffnet sind, kann man immer dann essen, wenn man hungrig ist. Griechische Marktbesucher, die aus den Dörfern in die Stadt kommen, gönnen sich ihr Mittagessen oft schon gegen 12 Uhr; überwiegend isst man zu Hause und in Restaurants jedoch kaum vor 13 oder 14 Uhr. Auch abends essen die Griechen später, als wir es gewohnt sind. Vor 20 Uhr sind fast nur Ausländer in den Restaurants anzutreffen; die Einheimischen setzen sich auch noch um 22 Uhr zu Tisch.

Griechen legen keinen Wert auf heißes Essen. Wo man sich noch nicht völlig den touristischen Wünschen angepasst hat, werden gekochte Speisen fast immer lauwarm serviert. Andererseits nimmt die Zahl der Tavernen zu, die ihre Speisen für den Fremden aus der Mikrowelle ganz heiß servieren. Der großzügige Umgang mit Olivenöl gehört zu den Hauptmerkmalen der griechischen Küche. Das Öl – grundsätzlich unverzichtbarer Bestandteil jeder Mahlzeit – wird mit dem Brot vom Teller aufgesogen.

Eine Esskultur, die man in Mitteleuropa als »gepflegt« bezeichnen würde, darf man nur in den Hotels und den teureren Restaurants erwarten. Original griechische Restaurants zeichnen sich durch Schlichtheit aus. Die Tische sind mit Plastikfolien bespannt, über die häufig noch ein Papierbogen gelegt wird; Papierservietten, Brot und Besteck kommen in einem Plastikkorb zur Selbstverteilung auf den Tisch. Das oft erkennbar lang gediente Besteck ist einfachster Machart. Fischmesser sind praktisch unbekannt; ein und dasselbe Besteck dient für alle Gänge. Da »Menü« für die Griechen ein Fremdwort ist, gibt es so gut wie nie Menüangebote; wer sich selbst eines zusammenstellen will, bestelle besser jeden Gang getrennt, da er ansonsten alle Speisen gleichzeitig erhält.

Speisekarten hinter Glas

Bestellungen aufzugeben ist meist problemlos. Zwar darf man nur noch selten dem Koch direkt in der Küche in die Töpfe schauen, doch haben viele Restaurants inzwischen Vitrinen angeschafft, in denen man das Angebot in Augenschein nehmen kann. Wer nicht direkt mit einem Fingerzeig bestellt, kann auch nach der Speisekarte auswählen, die fast immer mindestens zweisprachig ist (griechisch und englisch). Aktuelle Tagesangebote erscheinen darauf allerdings nur in schwer lesbarer griechischer Handschrift. Grundsätzlich sind nur diejenigen Gerichte erhältlich, hinter denen auch der Preis genannt ist. Viele Restaurants in den touristischen Zentren präsentieren auch Speisekarten mit Fotos der angebotenen Gerichte. Obwohl das Bedienungsgeld immer im Endbetrag enthalten ist, gibt man üblicherweise ein **Trinkgeld** in Höhe von etwa zehn Prozent. Wer dem Kellner die Arbeit erleichtern will, zahlt wie die Griechen: Ein Gast übernimmt die Gesamtrechnung für die Tischgemeinschaft (**Paréa**).

Griechische Lokale

Auf Rhodos und dessen Nachbarinseln gibt es verschiedene Lokaltypen.

Das **Estiatório** ist ein Restaurant, in dem Speisen verschiedenster Art angeboten werden, gebackene wie gegrillte und gekochte.

Das **Kafeníon** (Mehrzahl: Kafenía) ist ein Kaffeehaus, in dem allerdings kein Kuchen angeboten wird. Hier kann man Kaffee, Tee, Erfrischungsgetränke, Ouzo und Bier bestellen. Manche Kafenía haben sich auch schon auf Urlauber eingestellt und bieten einfache Gerichte wie Spiegeleier und Salat an. Kafenía gibt es in jedem Dorf; sie sind der liebste Aufenthaltsort des griechischen Mannes. Hier kann »man« diskutieren und verhandeln, Nachrichten austauschen, Karten, Dame und Távli spielen.

Die **Psarótaverna** ist ein Restaurant, das überwiegend Fischgerichte serviert. Auf der Speisekarte ist erkennbar, ob sich der Preis auf die Portion bezieht oder auf das Fischgewicht pro Kilogramm. Wird der Fisch nach Gewicht berechnet, kann man sich seine Fische selbst aussuchen.

Die **Psistariá** ist ein meist sehr einfaches Restaurant, in dem nur Grillgerichte angeboten werden.

Das **Sácharoplastion** entspricht in etwa dem bei uns üblichen Café. Hier erhält man neben Getränken aller Art auch Gebäck, Eis und Kuchen. Ein beliebter Treffpunkt rhodischer Frauen, die in den Kafenía, der Domäne der Männer, nur ungern gesehen werden.

Die **Tavérna** ist ein Restaurant, das entweder schon lange besteht oder folkloristisch eingerichtet ist. Sie ist meist einfacher als ein Estiatório; das Speisenangebot ist das gleiche. Die meisten Lokale auf Rhodos klassifizieren sich selbst als Taverne – das kommt den Vorstellungen der Touristen am nächsten.

Die **Ouzerí** ist ein Lokal, in dem man zu Ouzo oder Bier kleine Gerichte essen kann. Das Angebot richtet sich meist nach der Saison; typische Speisen sind Oktopus und Kalamares, Krabben, Käse, Gurkenscheiben und Tomatenstückchen.

ⓘ MERIAN-Tipp

Manólis Dinóris Manólis Dinóris ist der Wirt des besten Fischrestaurants in der Altstadt von Rhodos. Die ganze Familie arbeitet mit und garantiert exzellenten Service und eine gleichbleibend hohe Qualität der Küche. Bei Manólis wird nur Fisch serviert; er ist stolz darauf, dass in seinem stimmungsvollen Lokal noch nie ein Stück Fleisch auf den Tisch gekommen ist. Man sitzt in einem Haus aus der Ritterzeit oder auf dem Dachgarten direkt an der Stadtmauer. Platía Mousíou 14 A, Rhodos-Altstadt, Tel. 02 41/02 58 24, tgl. 12–15 und 19–24 Uhr
★★★ AmEx DINERS EURO VISA
■ e 4, Klappe hinten

Die Kafenía und Sácharoplastia sind meist von frühmorgens bis spätabends durchgehend geöffnet. Das Gleiche galt ursprünglich auch für alle Restaurants. Diejenigen in der Stadt Rhodos und in den ausgesprochenen Badeorten, die fast nur mittel- oder nordeuropäische Gäste haben, passen sich zum Teil schon den Essgewohnheiten ausländischer Gäste an und sind nur von 12 bis 15 und von 18 bis 24 Uhr geöffnet. Die Griechen selbst essen spät zu abend, ab etwa 21 bis 22 Uhr.

Des traditionellen Griechen liebstes Getränk ist eisgekühltes Leitungswasser. In ursprünglich gebliebenen Lokalen erhält man es unaufgefordert und kostenlos zum Kaffee und zum Essen, und man kann es problemlos überall trinken. In den Touristenzentren kann es geschehen, dass der Kellner bei einer Wasserbestellung stattdessen kostenpflichtiges Mineralwasser bringt.

Beim **Kaffee** gibt es drei verschiedene Arten: In den Touristenorten wird oft Filterkaffee angeboten. Anderswo gibt es nur die Auswahl zwischen Nescafé und dem griechischen mokkaähnlichen Kaffee. Nescafé wird heiß oder kalt serviert. Griechischer Kaffee kommt in kleinen Mokkatassen auf den Tisch; beim Bestellen muss man den gewünschten Süßegrad angeben (→ Essdolmetscher S. 22). Tee wird kaum getrunken und, falls erwünscht, lediglich mit Teebeuteln zubereitet. Kräutertee erhält man in manchen Bergdörfern.

Erfrischungsgetränke sind überall erhältlich; frisch gepresste Säfte gibt es jedoch weitaus seltener, als es der Reichtum an Zitrusfrüchten auf Rhodos erwarten ließe.

Bier ist ein äußerst beliebtes Getränk. Man kann wie beim Wein auch zu einer Flasche Bier mehrere Gläser bestellen. Auch Bier vom Fass und Weizenbier ist in Touristenzentren fast überall erhältlich.

Wein trinkt man in Griechenland fast nur zum Essen. Ausgeschenkt werden Weine aus dem ganzen Land. Auch auf Rhodos selbst werden hervorragende Weiß-, Rosé- und Rotweine hergestellt, die unter zahlreichen Markennamen wie »Lindos«, »Ilios«, »Chevalier de Rhodes« (alle trocken) oder »Platoni« (halbtrocken) angeboten werden. Wein vom Fass ist nur noch selten und fast nur in sehr einfachen Lokalen erhältlich. Kein rhodisches, sondern eher ein attisches Getränk ist der Retsina, ein geharzter Weißwein. Auch ein halbtrockener Sekt wird auf der Insel Rhodos produziert und unter dem Firmennamen »CAIR« verkauft. Zu den Spirituosen, die in ganz Griechenland gut bekannt sind, gehören der Anisschnaps **Ouzo** und **Brandy**. Auf Rhodos werden aber auch süße **Liköre** in verschiedenen Geschmacksrichtungen, zum Beispiel »Banane« und »Koriander«, sowie der Kräuterlikör »Sette Erbe« hergestellt. In einfachen Dorfkafenía erhält man manchmal auf Nachfrage auch einen starken **Tresterschnaps**, **Soúma** oder **Tsípouro** genannt.

Vor allem durch den Einfluss der vielen britischen Urlauber auf der Insel ist Rhodos ein Paradies für Liebhaber gepflegter **Cocktails**. Die Cocktail-Karten der Bars umfassen häufig mehr als 40 verschiedene Varianten.

Restaurants sind bei den einzelnen Orten im Kapitel »Sehenswerte Orte« beschrieben.

Preisklassen

Die Preise beziehen sich jeweils auf eine Hauptmahlzeit mit Salat ohne Getränke, inklusive Steuern.

★★★★ ab 15 Euro
★★★ ab 12 Euro
★★ ab 8 Euro
★ ab 5 Euro

Oben: Das von Touristen wohl meist-
bestellte Gericht ist »choriátiki«,
die ebenso gesunde wie köstliche
Komposition aus Tomaten, Gurken,
Zwiebeln, Oliven und Schafkäse.

Mitte: Selbstversorger finden auf
den Märkten der Insel Fangfrisches
aus dem Meer – von der Rotbarbe
bis zum Schwertfisch.

Unten: Kneipen und Restaurants
nach jedem Geschmack und für jeden
Geldbeutel bietet Rhodos-Stadt.

ESSDOLMETSCHER

A

achládi (αχλάδι): Birne
aláti (αλάτι): Salz
angináres (αγκινάρεο): Artischocken
angúrja saláta (άγγούριασαλάτα)
Gurkensalat
arakádes (αρακάδες): Erbsen
arnáki (αρνάκι): Lamm
– *fasolákja (αρνάκι φασολάκια):*
Lammfleisch mit grünen Bohnen
arní (αρνί): Hammel
áspro krassí (άσπρο κρασί):
Weißwein
astakós (αστακός): Hummer
awgó, awgá (αυγό, αυγά): Ei, Eier

B

bakaljáros (βακαλιάροσ): Stockfisch
bamjés (μπαμιές): Okra-Schoten
barbúnja (μπαρμπούνια): Rotbarben
biftéki (μπιφτέκι): Frikadelle
bíra (μπύρα): Bier
bríám (βριάμ): eine Art Ratatouille
mit Auberginen
brisóla (μπρισόλα): Kotelett (Rind
oder Schwein)

C

chirinó (χοιρινό): Schwein
choriátiki (χωριάτικι): Bauernsalat
mit Schafkäse

D

diáfora orektiká (διάφορα
ορεκτικά): gemischte Vor-
speisen
dolmadákja (ντολμαδάκια): mit Reis
gefüllte, kalte Weinblätter
dolmádes (ντολμάδες): gefüllte
Wein-, Kohl- oder Zucchiniblüten-
blätter
domátes jemistés (ντομάτες
γεμιστές): gefüllte Tomaten
domátosaláta (ντομάτοσαλάτα):
Tomatensalat
dsadsíki (τζατζίκι): Joghurt mit
geriebener Gurke, Knoblauch,
Zwiebeln und Olivenöl

E

eljés (ελιές): Oliven
entrádes (εντράδες): Eintopf- und
Fertiggerichte

F

falsétta: gegrillter Bauchspeck
fassoláda (φασολάδα): Bohnen-
suppe
féta (φέτα): weißer Schafkäse
fráules (φράουλες): Erdbeeren
frúta (φρούτα): Obst

G

garídes (γαρίδες): Tiefseekrabben
gála (γάλα): Milch
gasósa (γκαζόζα): süßer Sprudel
gávros (γαύροσ): Sardelle
gígandes (γιγάντες): Saubohnen
gliká (γλυκά): Süßspeisen
glóssa (γλώσσα): Seezunge
gurunópulo (γουρουνόπουλο):
Spanferkel

I/J

ja'úrti anjeládos (γιούρτι
αγελάδος): Joghurt aus Kuhmilch
– *prówjo (πρόβειο):* Joghurt aus
Schafsmilch
jemistés (γεμιστές): gefüllte Tomaten und Paprikaschoten

K

kafés (καφές): griechischer Kaffee
– *dipló (διπλό):* doppelte Portion
– *glikó (γλυκό):* süß
– *métrio (μέτριο):* leicht gesüßt
– *skétto (σκέττο):* ungesüßt
kalamarákja (καλαμαράκια): Tinten-
fische
karkínos (καρκίνος): Krebs
karpúsi (καρπούσι): Wassermelone
katsíki (κατσίκι): Zicklein
kefalotíri (κεφαλοτύρι): Hartkäse
keftédes (κεφτέδες): Hackfleisch-
kugeln
kimá (κυμά): Hackfleisch
kinígos (κυνηγόσ): Goldmakrele
kléftiko (κλεύτηκο): im Backofen ge-
garten Lamm- oder Zickleinfleisch
kokkinistó (κοκκινιστό): geschmort

kokorédsi (κοκορέτσι): am Spieß
  gegrillte Innereien
kolokidákja (κολοκυδάκια):
  Zucchini
konják (κονιάκ): Brandy
kotópulo (κοτόπουλο): Huhn
krassí (κρασί): Wein
kréas (κρέας): Fleisch
kunupídi (κουνουπίδι): Blumen-
  kohl
kunéli (κουνέλι): Kaninchen

L
lachanikó (λαχανικό): Gemüse
láchano saláta (λάχανοσαλάτα):
  Krautsalat
ládi (λάδι): Öl
lemóni (λεμόνι): Zitrone
limonáda (λεμονάδα): Zitronen-
  limonade
lukánika (λουκάνικα): Würstchen
lukanikópitta (λουκανικόπιττα):
  Würstchen im Schlafrock aus
  Blätterteig

M
manúri (μανούρι): Schafkäse
marídes (μαρίδες): Sardellen
marúli saláta (μαρύλι σαλάτα):
  Römersalat
máwro krassí (μαῦρο κρασί):
  Rotwein
meli (μέλι): Honig
melidsánes (μελιτζάνες):
  Auberginen
*melidsánosaláta (μελιτζάνο-
  σαλάτα):* kaltes Auberginenpüree
metallikó neró (μεταλλικό νερό):
  Mineralwasser ohne Kohlen-
  säure
mídja (μύδια): Muscheln
misíthra (μυζύθρα): Quark
mílo (μήλο): Apfel
moss'chári (μοσχάρι): Kalb
mugrí (μουγγρί): Meeraal
mussakás (μουσακάς): Auberginen-
  auflauf
mustárda (μουστάρδα): Senf

N
neró (νερό): Wasser
nescafé (νεσκαφέ): Instant-Kaffee
– frappé (φραππέ): kalt
– sestó (ζεστό): heiß

P
pagotó (παγωτό): Eiskrem
païdakja (παϊδάκια): Lammkoteletts
pastídsjo (παστίτσο): Makkaroni-
  Hackfleisch-Auflauf
patátes (πατάτες): Kartoffeln
patsá (πατσά): Kuttelsuppe
peppóni (πεπόνι): Honigmelone
portokaláda (πορτοκακάδα):
  Orangeade
portokáli (πορτοκάλι): Apfelsine
psári (ψάρι): Fisch
psomí (ψωμί): Brot

S
sáchari (ζάχαρι): Zucker
saganáki (σαγγανάκι): gegrillter
  Schafkäse
síkia (συκιά): Feige
sikóti (σηκώτι): Leber
skórdo (σκόρδο): Knoblauch
spanakópitta (σπανακόπιττα):
  Spinatpastete
stifádo (στιφάδο): geschmortes
  Rindfleisch mit Zwiebelgemüse
sudsukákja (σουτζουκάκια): Hack-
  fleischwürstchen in Soße
*súpa awgolémono (σούπα
  αυγολέμονο):* Brühe mit Reis,
  Eiern und Zitrone
suwlákja (σουβλάκια): Schweine-
  fleischspießchen

T
taramosaláta (ταραμοσαλάτα):
  Fischrogenpüree
timokatálogos (τιμοκατάλογος):
  Speisekarte
tirjá (τυριά): Käse
tirópitta (τυρόπιττα): Käsepastete
tsai (τσάι): Tee

X
xídi (ξύδι): Essig
xifías (ξιφίας): Schwertfisch

Eine Fahrt über die Insel des Sonnengottes Helios gleicht einer Zeitenreise durch drei Jahrtausende. Viele Völker hinterließen ihre Spuren – und die Natur bettet sie in viel Grün.

*Akropolis von Lindos:
Faszinierend ist nicht nur der
Anblick der antiken Anlage,
sondern auch der Blick hinab
auf die Paulus-Bucht und die
Häuser von Líndos.*

Ein Fest fürs Auge ist der Moment, in dem sich dem von Rhodos kommenden Reisenden das reizvolle Panorama von Líndos mit seiner antiken Akropolis darbietet.

Líndos

■ D 14, S. 121

900 Einwohner

Auf der anderen Seite einer kleinen, von Sand und Fels gesäumten Bucht schiebt sich eine kurze Landzunge bis ins Meer vor, die zunächst von den Inselbergen sanft abwärts schwingt, um dann an einem abweisend schroffen Felskap zu enden, das durch die mächtigen, mit Zinnen bekrönten Mauern einer mittelalterlichen Burg noch abweisender wirkt. Doch hinter den kriegerischen Mauern erkennt man die anmutigen Säulen eines antiken Heiligtums, und vor dem Macht und Reichtum demonstrierenden Felskap zieht sich ein weißes Band würfelförmiger Häuser über die Landzunge, als wolle es einen ländlich-friedlichen Kontrapunkt setzen. An den Stränden der Bucht genießen die Urlauber den Frieden – und in den Gassen von Líndos erzielen die Einheimischen aus der friedlichen Invasion von täglich bis zu 8000 Touristen Umsätze, die sie früher nur mit gefährlichen Handelsfahrten über See erzielen konnten.

Die griechische Regierung hat hier einmal früh genug erkannt, welchen Schatz ein altes Dorf darstellen kann, das nicht mit Bauten der Neuzeit verunziert wird. Ganz Líndos steht schon lange unter Denkmalschutz und ist auch dadurch einzigartig in der Ägäis. Durch die engen Gassen des Ortes fährt außer den Dreirädern der Müllabfuhr und einigen alle Vorschriften missachtenden Mopeds kein einziges Kraftfahrzeug. Die Häuser sind zwar innen modern ausgestattet, architektonisch aber nahezu unverändert geblieben.

Jeder, der ins Dorf will, landet zunächst einmal auf dem Freiheitsplatz, der Platía Eleftherías. Dort steht ein Polizist, der einen sofort weiterpfeift: Die Platía ist den Linienbussen und Taxis vorbehalten; alle anderen Autos und Busse müssen sich irgendwo außerhalb des Orts einen Parkplatz suchen. Der Brunnen an der Platía dient heute nur noch müden Touristen als Labsal – Anfang der sechziger Jahre versorgte er noch das ganze Dorf mit Trinkwasser. Vom Freiheitsplatz aus schleust eine einzige Gasse, die Odós Akropóleos, den Menschenstrom ins Dorf. Gleich an der nächsten Ecke warten unter einem schattigen Dach Esel und Maultiere mit ihren Treibern auf Besucher, die durchs Dorf hinauf auf die Akropolis reiten wollen. Das Zentrum des Dorfes bildet die Marienkirche. Von hier ausgehend bieten sich viele Gassen zur weiteren Erkundung von Líndos an.

Die Häuser des Dorfes zeugen vom Wohlstand der Lindier in der Zeit der Türkenherrschaft und um die letzte Jahrhundertwende, als zahlreiche Emigranten Geld aus Amerika schickten. Unter den Türken florierte der lindische Seehandel; die Seeleute des Dorfes bereisten das gesamte östliche Mittelmeer. Ihre Häuser nahmen die verschiedensten stilistischen Anregungen auf. Sie kombinierten byzantinische Elemente mit solchen anderer Inseln und sogar Arabiens zu einem Kolorit, für das ein mit Kieselsteinmosaiken belegter Hof typisch ist. Dem Eingang zum Hof gegenüber liegt immer der größte Raum des Hauses, die »Sála«. Sie war zum Empfang von Gästen bestimmt, diente aber auch der ganzen Familie als Schlafraum. Man lag auf einer hölzernen Empore, »Bánca« genannt, unter der Vorräte gelagert werden konnten.

In byzantinischer Zeit entstand über den Trümmern des antiken Heiligtums der Akropolis eine kleine Burg, die den Bewohnern von Líndos bei Überfällen Schutz bot. Die Johanniter bauten sie zu einer gewaltigen Feste aus, durch deren Torhaus man heute Einlass findet.

Auch die Fußböden der Sála sind mit solchen Mosaiken ausgelegt, die Holzdecken sind häufig bemalt, während die Innenwände oft über und über mit lindischen Tellern geschmückt sind, die Motive aus der Tierwelt, aber auch Menschen und Schiffe zeigen. Diese Teller brachten die Seeleute offenbar schon seit dem 16. Jh. zunächst als wertvolle Souvenirs aus der Gegend um Istanbul mit; später wurden sie möglicherweise sogar in Líndos selbst gefertigt. Für den täglichen Gebrauch waren diese Teller nie bestimmt; ein Loch zum Aufhängen an der Rückseite weist sie von Anfang an als Raumschmuck aus. In den alten lindischen Häusern kann man übrigens auch als Ausländer wohnen: Viele von ihnen werden als äußerst stimmungs- und stilvolle Feriendomizile vermietet.

Den Abschluss eines Tages in Líndos könnte ein erfrischendes Bad bilden. Dazu laden nicht nur die beiden Sandstrände an der Bucht ein, sondern ebenso die von Felsen fast vollständig eingerahmte Paulus-Bucht, die nur durch eine ganz schmale Öffnung mit dem Meer verbunden ist. Hier soll nach der örtlichen Überlieferung der Apostel Paulus im Jahre 58 mit seinem Schiff und seinem Begleiter Lukas auf dem Weg von Ephesos nach Lykien auf wundersame Weise Schutz vor einem Sturm gefunden haben: Die Bucht war damals noch ein Binnensee, der sich erst für den Apostel zum Meer hin öffnete.

Hotels/andere Unterkünfte

Líndos ist fest in der Hand britischer Reiseveranstalter. Nur ganz wenige Zimmer und Apartments werden privat vermietet; die meisten Häuser sind von lindischen Reisebüros für ihre britischen Partnerfirmen fest angemietet. Werden sie von diesen nicht belegt, kann man sie vor Ort

mieten. Man muss dafür eines der großen Reisebüros nahe der Marienkirche aufsuchen und auf den Zufall vertrauen:

Lindos Suntours
Tel. 03 13 33, Fax 03 13 53;
www.linsuntours.gr

Savaidis Travel
Tel. 03 13 47, Fax 03 14 51;
www.savaidis-travel.gr

Anastasia
Haus mit typischem Innenhof im historischen Zentrum, wegen eines benachbarten Musiklokals aber recht laut.
In einer Seitengasse der Odós Apóstolou Pávlou; Tel. 03 15 47; 2 Apartments, 2 Studios ★★ (keine Kreditkarten)

Electra M
Einfache, familiäre Pension mit Englisch sprechender Wirtin, Zimmer teilweise nur mit Etagenbad.
An der Gasse zum Pallas-Strand; Tel. 03 12 66; 11 Zimmer ★★ (keine Kreditkarten)

Katholiki Anastasiadou
Schlichte Unterkunft in guter Lage. Schöner Innenhof. Drei Zimmer haben eine traditionelle Empore mit traditionellem Bett.
An der Gasse zum Pallas-Strand; Tel. 03 14 21; 7 Zimmer ★★ (keine Kreditkarten)

Sunburnt Arms
Zimmer mit Balkon über der gleichnamigen Taverne, britisches Besitzerehepaar.
Direkt am Pallas-Strand; Tel. und Fax 03 16 51; 4 Zimmer ★ (keine Kreditkarten)

Noch auf Gemeindegebiet, jedoch 2 bis 4 km außerhalb des Ortes, stehen an der Vlichá-Bucht mehrere Hotels, die nicht nur Pauschalreisende aufnehmen:

Líndos Bay 👫   ■ D 14, S. 121
Viergeschossiges Hotelgebäude
direkt am Strand, gelegentlich Hotel-
bus-Service nach Líndos.
Tel. 03 15 01, Fax 3 15 00; 192 Zimmer
★ ★ ★ ★ EURO VISA

Líndos Mare M   ■ D 14, S. 121
Terrassenförmig angelegtes Hotel
oberhalb der Bucht mit großem Süß-
wasserpool.
Tel. 03 11 30, Fax 3 11 31; www.lindosmare.
gr; 123 Zimmer ★ ★ ★ ★ AmEx DINERS EURO
VISA

Spaziergang

Ein etwa einstündiger Spaziergang
führt am Nordufer der Bucht von Líndos entlang über einsame Felsland-
schaft zum Grabmal des Kleóboulos.
Man folgt zunächst vom Freiheitsplatz
aus der Straße hinunter zum Strand.
Hinter dem Restaurant »Palästra«
liegt ein etwa 40 m hoher, steiler
Hang, den es zunächst zu erklimmen
gilt. Oben erkennt man dann zugleich
einen schmalen Pfad, der an der
Küste entlang zuerst zu einer verlas-
senen Windmühle aus dem letzten

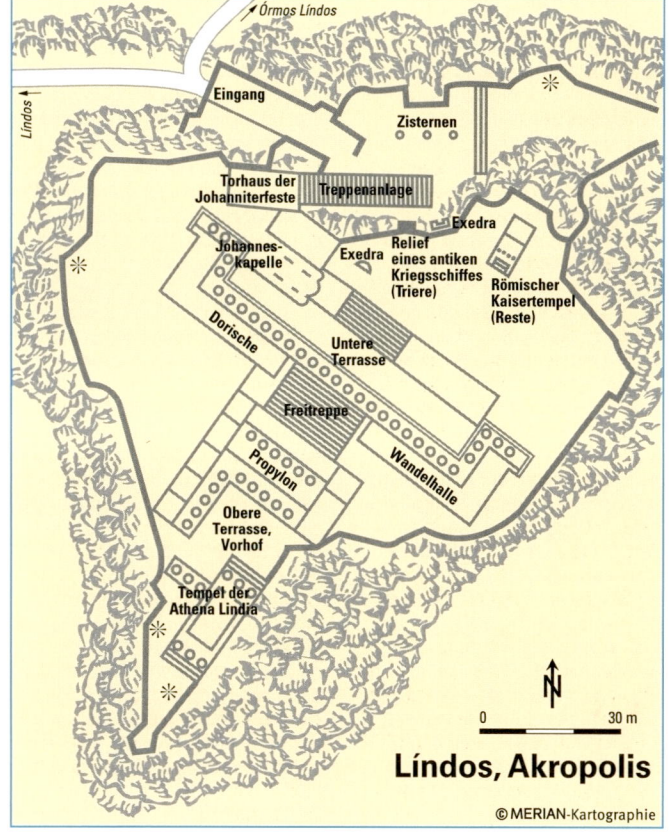

Líndos, Akropolis

© MERIAN-Kartographie

Jahrhundert führt und dann zu einem Rundbau mit etwa 9 m Durchmesser, dessen genaues Alter unbekannt ist. Die örtliche Überlieferung nennt ihn das Grabmal des Kleóboulos, jenes Tyrannen, der um 550 v. Chr. den ersten steinernen Tempel der Athena Lindia errichten ließ und als einer der »Sieben Weisen der Antike« gilt. Die Mauerquader sind ohne Mörtel sorgfältig aufeinander geschichtet, der Innenraum ist leer. Von hier aus hat man einen sehr schönen Blick auf das Dorf Líndos und seinen Akropolisfelsen.

Sehenswertes

Akropolis

Schon im 2. Jahrtausend v. Chr. wurde in einer natürlichen Grotte im Akropolisfelsen eine weibliche Gottheit verehrt. Die zu Beginn des 1. Jahrtausends eingewanderten dorischen Griechen erbauten ihrer Göttin Athena Lindia im 7. Jh. einen ersten hölzernen Tempel unmittelbar über jener Grotte, die weiterhin als Kultstätte heilig gehalten wurde.

Als Líndos um 550 v. Chr. vom guten Tyrannen Kleóboulos beherrscht wurde, entstand dort ein erster steinerner Tempel. Nach dem Vorbild der Athener Akropolis erhielt er um 400 v. Chr. Propyläen, die dann 342 v. Chr. zusammen mit dem Tempel einem Brand zum Opfer fielen. Jetzt konnte der ganze heilige Bezirk auf der Akropolis neu geplant werden. Die Statue der Göttin, bisher aus einfachem Holz, wurde durch eine neue, prächtigere aus vergoldetem Holz ersetzt, deren Hände, Kopf und Füße aus Marmor, Gold und Elfenbein geformt waren. In den folgenden zwei Jahrhunderten wurde das Heiligtum durch immer neue Terrassen, Treppen und Säulenhallen erweitert, die den Wohlstand der Insel anschaulich demonstrieren sollten.

Nach über 1000 Jahren errichteten die Byzantiner in ihrer kleinen Burg auf der Akropolis eine christliche Kirche, die die Johanniterritter dann im folgenden Jahrhundert zur Burgkapelle einer mächtigen Festung umgestalteten, deren Mauern noch immer stehen.

Nachdem man die Überreste einer ersten byzantinischen Mauer passiert hat, gelangt man auf eine Terrasse, von der aus eine steile, moderne Treppe weiter bergan führt. Am Ansatz dieser Treppe ist links am Fels als fast 5 m langes Relief das Heck einer antiken Triere, also eines Kriegsschiffes, zu erkennen. Solche Trieren waren fast 40 m lang und trugen nahezu 50 Soldaten und Schiffsoffiziere.

Angetrieben wurden sie durch die Körperkraft von über 140 Rudersklaven, die auf drei übereinanderliegenden Bankreihen saßen. Das Relief war Teil eines Ehrenmals für einen gewissen Hegesandros, der die rhodische Flotte um 190 v. Chr. erfolgreich gegen die Seeräuber geführt hatte. Seine abhanden gekommene Statue, ein Werk des Bildhauers Pythokritos, stand auf einem Sockel am Rande des Reliefs, das zu den eindrucksvollsten antiken Zeugnissen auf Rhodos zählt. Die steile, moderne Treppe, neben der noch die mittelalterlichen, auf Veranlassung der Kreuzritter geschaffenen Stufen zu erkennen sind, führt ins Torhaus der Johanniterfeste. Unmittelbar dahinter liegen die Reste der Burgkapelle. Sie war ursprünglich eine im 13. Jh. erbaute orthodoxe Kirche, die die Johanniter dann ihrem Schutzpatron Johannes weihten.

Kurz darauf steht man auf der unteren Terrasse des antiken Heiligtums. Eine kurze Treppe führt hinab zu den spärlichen Resten eines römischen Kaisertempels aus dem 3. Jh. n. Chr., eine prächtige, 21 m breite Freitreppe führt zwischen den beiden

Oben: Die weite Bucht von Líndos wird von zwei erstklassigen Sandstränden gesäumt, die noch nicht mit Hotels zugebaut sind.

Mitte: Ankerplatz für einen Apostel – die Paulusbucht ist fast ringsum von Felsen umschlossen, nur zwei kleine Öffnungen schaffen die Verbindung zum Meer.

Unten: Der atemberaubende Anblick der weißen, kubischen Häuser von Líndos am Hang hoch über dem Meer wird dem Besucher voraussichtlich noch lange erhalten bleiben.

Hälften einer ehemaligen dorischen Wandelhalle hinauf zum Propylon aus dem 3. Jh. v. Chr. Mehrere der einst 42 Säulen dieser Wandelhalle wurden schon von den italienischen Archäologen wieder aufgerichtet. Das Propylon, von dem nur noch Grundmauern erhalten sind, leitete zur oberen Terrasse über, an deren Ende sich der eigentliche Tempel der Athena Lindia erhob, der 342 v. Chr. errichtet und um 300 v. Chr. noch einmal durch eine südliche Säulenhalle erweitert wurde. Er war ganz aus Marmor und folgte in seinem lang gestreckten Grundriss einem älteren Bau, der schon Mitte des 6. Jh. unter Kleóboulos entstanden war und im Jahre 392 vollständig abbrannte. In seinem Zentrum stand eine marmorne Statue der Göttin; vor dem Tempel wurden ihr an einem Altar zunächst unblutige Opfer und später als Brandopfer auch Tiere dargebracht. Ein Teil des Fleisches wurde als der Göttin zustehend verbrannt, den Rest verzehrte die Opfergemeinschaft bei einem festlichen Mahl.

An den beiden Schmalseiten des Tempels standen einst je vier dorische Säulen, die teilweise rekonstruiert wurden. Ebenso faszinierend wie der Anblick der antiken Anlage ist der Blick von den mittelalterlichen Burgmauern hinab auf die **Paulus-Bucht** und die Flachdächer der Häuser von Líndos.
April–Okt. Mo 12.30–18.40, Di–So 8–18.40, Nov.–März Di–So 8.30–15 Uhr

Marienkirche

Mitten im Dorf liegt die Hauptkirche der Ortschaft, Mariä Entschlafung geweiht. Sie entstand schon im 14. Jh. und wurde dann um 1490 auf Kosten des Großmeisters Pierre d'Aubusson restauriert und durch einen offenen Narthex, eine Art Vorhalle, mit gotischem Kreuzrippengewölbe erweitert. 1779 malte der Künstler Geór-gios von Sími die Kirche vollständig aus. Aus der Kuppel schaut Christus als Weltenherrscher auf die Gemeinde herab. Im darunter liegenden Bildstreifen sind Maria, Engel und Cherubime dargestellt, im weiteren Bildstreifen darunter Propheten.

In den Zwickeln der Kuppel leiten die vier Evangelisten zu den Darstellungen neutestamentarischer Ereignisse über, die in dieser Kirche allerdings von weiteren Themen ergänzt werden. Im Tonnengewölbe erkennt man in den Bildreihen rechts und links vom Scheitel die Schöpfungsgeschichte in vielen Einzelszenen. Da werden die Erschaffung der Tiere und Adams und Evas gezeigt, das Auftauchen des Landes aus dem Wasser und die Erschaffung der Planeten. Man sieht den Sündenfall und die Vertreibung aus dem Paradies, Adam und Eva beim Pflügen und den Brudermord Kains an Abel.

Im Bildstreifen unter der Schöpfungsgeschichte sind auf beiden Seiten Szenen aus dem Neuen Testament zu erkennen. Sie reichen von der Erweckung des Lazarus und Christi Einzug in Jerusalem, dem letzten Abendmahl und dem Verrat des Judas bis zum Verhör durch Pilatus, der Kreuzigung und der Beweinung Christi.

Die untersten Bildstreifen im Tonnengewölbe illustrieren die 24 Strophen des Akathist-Hymnus, eines in der Ostkirche sehr bedeutenden Lobgesangs auf Maria. An den Seitenwänden sind schließlich zahlreiche Heilige dargestellt. In den beiden Kreuzarmen rechts und links von der Kuppel sind weitere Ereignisse zu sehen, von denen die Evangelisten berichten, so das Pfingstwunder und Christi Geburt, Christi Taufe und Christi Verklärung.

In der Apsis sind Christi Himmelfahrt und die Apostelkommunion dargestellt: das heilige Abendmahl, das im Himmel ebenso gefeiert wird wie auf Erden. Über dem Ausgang der Kirche ist als Mahnung an alle Gläubigen das Jüngste Gericht zu sehen: Auf der einen Seite Christi führt Petrus die Seelen der Erlösten ins Paradies, auf der anderen Seite stürzen die Verdammten in einem roten Feuerstrom in das Maul eines Riesenfisches.

Sehenswert sind auch der holzgeschnitzte Bischofsthron und die prachtvoll vergoldete Ikonostase, beides Werke des 17. Jh.

Theater

Am Südhang der Akropolis wurde im 4. Jh. v. Chr. ein Theater aus dem Fels gehauen, das etwa 2000 Zuschauern Platz bot. 27 Sitzstufen sind noch zu erkennen.
Frei zugänglich

Essen und Trinken

Alex's Taverna
Strandtaverne am Pallas Beach, auch abends empfehlenswert.
Paralía Pallás; Tel. 03 14 73 ★ ★ VISA

Archontikó M M M
Edelrestaurant mit kreativer griechischer und internationaler Küche. Im kleinen Gastraum blieben zwei typische Bettemporen erhalten; das reich verzierte Haus selbst stammt von 1605. Von den beiden Dachterrassen aus blickt man übers Dorf auf die Akropolis und das Meer.
Odós Apóstolou Pávlou; Tel. 03 19 92; tgl. ab 18 Uhr ★ ★ EURO VISA

Cyprus Tavern Timi's Place M
Ein Haus zypriotischer Gaumenfreuden wie hausgemachten Seftaliá, Loúndsa, Houmoús und Haloúmi. Wirt Efthímios aus Famagusta und seine rhodische Frau erklären gern, was das ist.
Odós Akropoléos; Tel. 03 15 39; tgl. ab 11 Uhr ★ ★ VISA

Maria's ♥♥
Kleine Taverne im Ortszentrum, familiäre Atmosphäre. Spezialität des Hauses ist Hühner-Stifádo.
Odós Apóstolou Pávlou; Tel. 03 13 75; tgl. 18–23 Uhr ★ (keine Kreditkarten)

Mavrikos
Restaurant mit Terrasse und stimmungsvollem Ambiente direkt am Hauptplatz vor dem Dorfeingang.
Tel. 03 12 32; tgl. 10–24 Uhr ★ ★ ★
AmEx EURO VISA

Il Palazzetto
Italienisches Restaurant. Neben Pizza und Pasta servieren die Inhaber auch raffiniertere Köstlichkeiten. Am Parkplatz am Theater (von der Odós Apóstolou Pávlou am »Supermarket Omega« links abbiegen).
Tel. 03 16 12; tgl. ab 18 Uhr ★ ★ EURO VISA

Yannis Bar M
Beliebte Bar mit gutem englischem Frühstück direkt im Dorfzentrum.
Odós Apóstolou Pávlou; Tel. 03 12 45; tgl. 8–3 Uhr (Frühstück bis 13 Uhr) ★ ★ (keine Kreditkarten)

Am Abend

Acropolis
Diskothek unterm Sternenhimmel.
An der Straße zum Hauptstrand; Tel. 03 13 91; tgl. ab 23 Uhr

Lindos by night M
Alteingesessene Bar und Diskothek auf drei Ebenen mit zwei Innenhöfen und einem Dachgarten mit Akropolisblick. Große Auswahl an Cocktails.
An der namenlosen Gasse, die vom Eselsparkplatz zum Postamt führt.; Tel. 03 14 63; tgl. ab 19 Uhr

Service

Taxi
Tel. 03 14 66

Die Altstadt von Rhodos hat so viel Atmosphäre, dass man gern tagelang durch ihre historischen Gassen und auf ihren Plätzen spazierengeht.

Rhodos-Stadt ■ F 5, S. 117

44 000 Einwohner
Stadtplan → Klappe hinten

Rhodos ist eine umstrittene Stadt. Es gibt Griechenlandreisende, die würden am liebsten einen weiten Bogen um dieses Sündenbabel einfallsloser Architekten machen, die den äußersten Norden der Insel mit Hotels, Wohn- und Geschäftshäusern vollgebaut haben, zwischen denen man weitaus mehr Ausländer als Einheimische sieht. Es gibt aber auch nicht wenige Urlauber, die es zu schätzen wissen, dass in der Stadt Rhodos und ihren touristischen Vororten bis spät in die Nacht hinein ein Leben und Treiben herrscht, das sich vor allem an den Vergnügungswünschen der Feriengäste orientiert. Die Einkaufsmöglichkeiten sind vielfältig, das Restaurantangebot reicht von exotischer Küche bis zu einfacher griechischer Hausmannskost. Wer will, kann in Diskotheken und griechischen Musiklokalen die Nacht zum Tage machen – und selbst baden kann man unmittelbar an den Stadtstränden. Landschaftlich sind sie sogar sehr reizvoll: An klaren Tagen scheinen die Berge Kleinasiens so nah zu sein, als könne man hinüberschwimmen, dann wieder verschwinden sie im Dunst. Mit Ausflugsschiffen, Tragflügelbooten und Autofähren kann man hinüberfahren ins türkische Marmaris, das bis 1917 ein wirtschaftlich bedeutender Teil des rhodischen Hinterlandes war, in dem viele Griechen lebten. Man mag von der modernen Stadt halten, was man will – eins ist jedoch unstrittig: dass die Altstadt von Rhodos ein wahres Juwel ist. Ihre historischen Gassen und Plätze haben so viel Atmosphäre, dass man tagelang durch die Altstadt spazieren kann, ohne sich zu langweilen. Lokale in uralten Gewölben oder auf sonnigen Terrassen mit weitem Blick über geschichtsträchtige Dächer und Festungsmauern schaffen ein stimmungsvolles Flair; Museen, Kirchen und archäologische Stätten laden dazu ein, sich mit der Geschichte der Stadt zu beschäftigen. Sie ist immerhin schon über 2400 Jahre alt. Die drei alten griechischen Stadtstaaten Líndos, Kámiros und Iálissos gründeten sie im Jahre 408 v. Chr. gemeinsam, um damit ihre Stellung gegenüber Athen zu festigen und um die ganze Handels- und Wirtschaftsmacht der Insel in einem großen, günstig gelegenen Hafen zu konzentrieren. Außerdem sollte dadurch auch gar nicht erst Streit darüber aufkommen, welche der drei alten Städte nun zur Hauptstadt des gemeinsamen Staates erkoren würde. Rhodos blühte und gedieh, widerstand erfolgreich feindlichen Belagerungen und verstand es auch, in all den Jahrzehnten nach dem Tod Alexanders des Großen (322 v. Chr.) seine Unabhängigkeit zwischen den verschiedensten Königreichen zu bewahren. Diese Neutralität sicherte der Stadt weiterhin wirtschaftlichen Erfolg. Im Jahre 168 v. Chr. jedoch gereichte den Rhodiern ihre Neutralität zum Nachteil. Weil sie sich im 3. Makedonischen Krieg nicht eindeutig auf die Seite der Römer geschlagen hatten, beschlossen diese so etwas wie einen Wirtschaftsboykott gegenüber Rhodos und erklärten eine andere Ägäisinsel, das kykladische Delos, zum Freihafen. Die Rechnung ging auf, Delos zog einen Großteil des Warenumschlags auf sich. Die Zolleinnahmen und andere Einkünfte in Rhodos gingen drastisch zurück. Rhodos war nur noch ein Wirtschaftszentrum unter vielen anderen, nicht mehr die Metropole des östlichen Mittelmeers, die noch 60 Jahre zuvor mit einem mächtigen Koloss aller Welt ihre Größe gezeigt hatte. Kulturell aber hielt Rhodos weiterhin ein hohes Niveau. Insbesondere die Bildhauer- und die Rhetorenschule der Stadt besaßen Weltruf.

Die 800-jährige Geschichte der antik-heidnischen Stadt Rhodos kann man im Archäologischen Museum, am Aphrodite-Tempel und auf dem Monte Smith verfolgen. Aber auch an vielen Stellen in der Altstadt fallen immer wieder kleine Flächen auf, in denen die Archäologen zufällig unter der Bebauung aus der Ritter- und Türkenzeit große Quader und Säulenstümpfe aus der Antike freigelegt haben.

Aus den späteren Jahrhunderten zwischen dem Untergang des Römischen Reiches und der Ankunft der Kreuzritter auf Rhodos sind in der Altstadt einige Kirchen erhalten. Geprägt wird ihr Antlitz aber von den gewaltigen Stadtmauern und den Palästen aus der Ritterzeit, die von 1309 bis 1522 währte. Die Türken, die die Kreuzritter vertrieben, bauten eigene Moscheen und verwandelten christliche Gotteshäuser durch Hinzufügung eines Minaretts in islamische Gebetsstätten, setzten älteren Häusern hölzerne Erker vor und erbauten auch neue, so dass die Altstadt jetzt ein Mosaik bildet, dessen Steinchen aus Antike, byzantinischer Zeit, Ritter- und Türkenherrschaft zusammengesetzt sind.

Steinerne Zeugen der Vergangenheit: Grundmauern und wenige Architekturteile sind alles, was vom Aphrodite-Tempel, einem Bau aus dem 3. Jahrhundert v. Chr., noch erhalten ist.

Die Zeit der italienischen Fremdherrschaft (1912–1943) hat an einigen Stellen fantasievolle Ergänzungen geschaffen; die Bomben des Zweiten Weltkrieges haben ein paar Lücken gerissen, die sich heute als freie Plätze darbieten; neugriechischer Geschäftssinn und das bunte Treiben der Urlauber runden das Bild schließlich ab, das insgesamt die Faszination der Altstadt ausmacht. Wer auf eigene Faust reist, kann hier sogar übernachten: Innerhalb der Stadtmauern gibt es eine Reihe von Pensionen und Hotels.

Außerhalb der Mauern ist der Mandráki-Hafen der schönste Platz der Stadt. Hier haben die Italiener vom Orient geträumt und ein siebeneckiges Marktgebäude, die Néa Agorá, im Stil einer Hofmoschee fast unmittelbar vor die Stadtmauer und den darüber aufragenden Großmeisterpalast gesetzt. In seinem Innenhof werden Fische gehandelt und Unmengen von Gíros und Souvláki verspeist; an der Hafenfront mit Blick auf Yachten und Ausflugsschiffe servieren die Kellner der Straßencafés orientalisches Gebäck.

Die Stadt Rhodos besetzt die Nordspitze der Insel. Der Besucher wird kaum Probleme haben, sich hier zurechtzufinden. Der Hauptort ist deutlich in drei Teile geteilt. An die Altstadt schließt sich auf der einen Seite die moderne Hotelstadt an, auf der anderen die Wohnstadt der Einheimischen. Wie die Flügel eines Pfeiles erstrecken sich von der Stadt aus Hotelsiedlungen entlang der beiden Küsten über ein Dutzend Kilometer weit gen Süden. Sie enden in Faliráki und Triánda, das auch noch mit dem antiken Namen Iálissos genannt wird. Gute Busverbindungen machen diese Hotelareale fast zu einem Teil der Stadt, die inzwischen weit über die Hälfte der Inselbevölkerung aufgenommen hat, nämlich über 50 000 Menschen. Faliráki besitzt das große

Plus eines kilometerlangen Sandstrandes; Triánda und das zwischen diesem und der Stadt Rhodos gelegene Ixiá sind touristisch hingegen wohl nur so erfolgreich, weil hier eine Vielzahl guter Hotels steht.

Rhodos ergeht es wie vielen südländischen Ferienorten. Es hat zwei Gesichter. Urlauber lernen normalerweise nur das Sommergesicht der Stadt kennen. Von Mai bis Oktober herrscht Hochbetrieb, Rhodos wirkt fröhlich, seine Bewohner sind damit beschäftigt, an das Geld der Urlauber heranzukommen. Im Winterhalbjahr jedoch mutet Rhodos fast wie eine Geisterstadt an, wie ein Wasserball, dem die Luft entwichen ist. Man hat die Stadt mit Hotels, Restaurants, Bars und Läden aufgebläht, die nun niemandem mehr Arbeit bieten und meist fünf Monate geschlossen bleiben. Viele Einheimische, die es sich leisten können, kehren ihrer Heimat den Rücken zu, wollen ihrerseits die Welt kennen lernen, die Urlaubsbekanntschaften der vergangenen Saison besuchen oder in Athen Arbeit für den Winter suchen. Ohne Touristen ist das große Rhodos nur noch eine Kleinstadt in der Provinz.

Mit den Einnahmen aus dem Tourismus versucht man freilich, aus der Provinzialität herauszukommen. Die Stadtverwaltung ist eifrig bemüht, kulturelle Aktivitäten zu fördern. Es gibt ein städtisches Theater und Kino, eine städtische Gemäldegalerie, eine Stadtbücherei und ein städtisches Kulturzentrum. All das ist in Anbetracht der geringen Einwohnerzahl eher ungewöhnlich. Weitere kulturelle Anstöße kommen von der Universität, die in den achtziger Jahren gegründet wurde.

Alles in allem ist die Stadt Rhodos ein attraktives Urlaubsziel; man sollte nur vermeiden, die Erfahrungen, die man hier macht, auf den Rest der Insel oder gar das übrige Griechenland zu übertragen.

Oben: Elafós, der Hirsch, ist eines
der beiden Wappentiere von Rhodos.
Elafína, die Hirschkuh, steht ihm an
der Mandráki-Hafeneinfahrt gegenüber.

Mitte: Die vielen Plätze der Altstadt
sind beliebte Treffpunkte. Man spürt
hier auch noch viel vom ursprünglichen griechischen Leben, erhascht
vielleicht einen Blick in eine Schus-
terwerkstatt oder in den Laden eines
Barbiers ...

Unten: In der Altstadt von Rhodos
ist man auf Schritt und Tritt der Geschichte auf der Spur.

Hotels/andere Unterkünfte

Andreas ■ e 5/e 6
Sehr ruhig gelegene, neuere und
gepflegte Privatpension mit schönem
Innenhof und eigener Terrasse mit
Blick über die ganze Altstadt. Junges
griechisch-französisches Wirtsehepaar; sehr gute Website.
Rhodos-Altstadt, Odós Omírou 28 D; Tel.
03 41 56, Fax 07 42 85; www.hotelandreas.
com; 14 Zimmer ★ ★ AmEx VISA EC

Attiki ■ d 4/d 5
Einfache Pension mit liebevoll im
traditionellen Stil eingerichteten
Zimmern im Herzen der Altstadt. Wirt
Geórgios Zannis wohnt selbst mit
seiner Familie im Haus. Fünf der
Zimmer besitzen ein eigenes Bad.
Um hinzugelangen, geht man die

> ### ❗ MERIAN-Tipp
>
> **Cava d'Oro** Vom deutsch-
> griechischen Ehepaar Tha-
> nassis und Biggi geführte Pen-
> sion in einem von ihnen selbst
> restaurierten, 600 Jahre alten
> Altstadthaus direkt an der
> Stadtmauer. Ideal für alle, die
> eine ruhige Lage, familiäre At-
> mosphäre, Geselligkeit beim
> Frühstück und an der Hausbar
> suchen. Nur 200 m vom Fähr-
> hafen entfernt (man geht in
> Richtung Stadt und gleich durch
> den ersten Mauerdurchlass in
> die Altstadt hinein). Im Gegen-
> satz zu den meisten anderen
> Altstadt-Hotels kann man die-
> ses Haus auch im Hochsommer
> mit dem Taxi erreichen; Miet-
> wagen können 100 m entfernt
> geparkt werden. Odós Kisthi-
> nioú 15; Tel. 03 69 80, Fax
> 07 73 32; 13 Zimmer ★ ★ EURO
> VISA
> ■ f 5

Odós Sokratoús aufwärts und biegt
am Café Karpathos nach rechts ab.
Odós Theofilískou 2/Odós Charítos;
Tel. und Fax 02 77 67; 6 Zimmer ★ ★
(keine Kreditkarten)

Esperos Village ■ EF 6, S. 117
Architektonisch und ökologisch das
Spitzenhotel der Insel. Es liegt wie
ein griechisches Dorf ruhig am Hang
eines Hügels nahe dem Meer. Die kli-
matisierten Zimmer und Apartments
sind sehr geräumig. Es gibt einen
großen Pool und zwei Tennisplätze.
15 Minuten vom Strand.
Faliráki; Tel. 08 60 46, Fax 8 57 41; www.
esperia-hotels.gr; 209 Zimmer ★ ★ ★ ★
AmEx DINERS EURO VISA

Niki's Rooms ■ e 5
Privatpension in der Altstadt mit
modernen Zimmern.
Rhodos-Altstadt, Odós Sofokléous 39; Tel.
02 51 15; 12 Zimmer ★ (keine Kreditkarten)

Pension Olympos ■ d 5
Eine der ruhigsten, saubersten und
stimmungsvollsten Pensionen der Altstadt. Ein kleiner Vorhof mit Tischen
und Stühlen für die Gäste liegt vor
dem mittelalterlichen Haus mit nur
7 Gästezimmern, ein kleiner Garten
dahinter. Die Inhaber, Geórgios und
María, haben 23 Jahre lang im west-
fälischen Hagen gelebt, ihre Tochter
Sofía wurde dort 1975 geboren und
spricht perfekt Deutsch. Frühstück
wird auf Wunsch serviert, Abholung
vom Flughafen ist möglich. Unbedingt reservieren lassen!
Odós Ag. Fanouríou 56, Rhodos-Altstadt,
Tel. 06 78 39, Tel. und Fax 03 35 67 ★ ★
(keine Kreditkarten)

Plaza ■ c 3
Stadthotel mit Pool direkt neben
dem Büro von Olympic Airways.
Ganzjährig geöffnet.
Odós Iérou Lóchou 7, Rhodos-Neustadt;
Tel. 02 25 01-05, Fax 2 25 44; www.rhodes-
plaza.com; 132 Zimmer ★ ★ ★ EURO VISA

San Nikolis ■ d 5
Der junge rhodische Wirt und seine
dänische Ehefrau haben seit 1980
eine Reihe von benachbarten Alt-
stadthäusern aufgekauft und in Ei-
genarbeit liebevoll und aufwendig
restauriert. Holz und Naturstein sind
die vorherrschenden Materialien.
Dem Interieur merkt man guten däni-
schen Geschmack an.
Odós Ippodámou; Tel. 03 62 38, Fax
3 20 34; nikoliss@hol.gr; 26 Zimmer und
Apartments ★ ★ ★ ★ AmEx DINERS EURO
VISA

Spaziergang

Vom Mandráki-Hafen aus betreten
Sie durch das Freiheitstor die Altstadt. Sie passieren den **Aphrodite-
Tempel** und die **Städtische Gemäldegalerie**, kommen auf die kleine Platía
Argirokástron mit einem Brunnen,
zu Pyramiden gestapelten steinernen
Kanonenkugeln und dem **Museum
für dekorative Kunst** im ersten Ordenshospital, in dem sich heute auch
das Historische Archäologische In-
stitut befindet. Gleich darauf stehen
Sie auf dem Museumsplatz mit dem
Ikonen-Museum und dem **Archäologischen Museum**.

Die Ritterstraße führt Sie hinauf
zum **Großmeisterpalast** und zur
Orféos-Straße, auf der fast immer
Maler sitzen, die Sie porträtieren
möchten. Vorbei an der **Süleiman-
Moschee** und der **Türkischen Biblio-
thek** erreichen Sie jetzt die Sokrates-
Straße, die Haupteinkaufsstraße der
Stadt. Bummeln Sie sie ein kleines
Stück abwärts, und lassen Sie sich
dann vielleicht für ein Getränk, ein
Eis oder ein Stück Kuchen in der Kon-
ditorei »Kárpathos« unter schattigen
Ficus-Bäumen nieder.

Direkt gegenüber geht die Odós
Menekléous ab, die Sie vorbei an
kleinen Kürschnerwerkstätten nach
mehreren Biegungen auf die Platía
Ariónos bringt, wo Sie das **Türkische**

Bad und die **Sultan-Mustafa-Moschee**
sehen. Jetzt sind Sie schon mitten
im Türkenviertel, in das nur wenige
Fremde vordringen. Direkt rechts an
der Moschee vorbei führt eine sehr
schmale Gasse abwärts und mündet
auf die Odós Agíou Fanoúriou. Gehen
Sie auf ihr etwa 170 Schritte nach
rechts, passieren Sie die Kirche Ágios
Fanoúrios aus dem Jahre 1335 und
stoßen dann auf die Odós Omiroú.
Wenn Sie ihr nach links folgen, liegt
links unterhalb der Gasse die Platía
Doriéos mit der ständig verschlos-
senen **Redjeb-Pascha-Moschee** und
mehreren für eine Rast sehr ange-
nehmen Lokalen.

Gehen Sie auf der Odós Omiroú
weiter und biegen in die zweite Gasse nach rechts ein, kommen Sie an
der ebenfalls nicht zugänglichen Kapelle Agía Kiriakí aus dem 13./14. Jh.
vorbei zum Stumpf einer alten Windmühle, von der aus man einen schönen Blick über die Altstadt hat. Wenn
Sie Ihren Weg durch diese Gasse
fortsetzen, stoßen Sie auf die Odós
Pithagóras, eine der Hauptachsen
der Altstadt.

Gehen Sie nun die Odós Pithágoras abwärts, bis Sie auf die Platía
Ippókratous stoßen – Zentrum des
touristischen Teils der Altstadt. Wenden Sie sich hier nach rechts, führt
Sie die Odós Aristotélous zum See-
pferdchen-Brunnen.

Geht man auf der Hauptgasse,
der Odós Pindárou, weiter und biegt
in die nächste Gasse, die Odós Do-
siádou, nach rechts ein, kommt man
zur **Synagoge** der Stadt. Sie ersetzt
ein jüdisches Gotteshaus, das die
Deutschen 1943 zerstörten. Eine ältere Dame namens Lucia wird Sie
auf Deutsch herumführen. Sie ist die
einzige rhodische Jüdin, die aus Au-
schwitz wieder in ihre Heimatstadt
zurückkehrte.

Von der Synagoge aus können Sie
nun wieder zur Sokrates-Straße
zurückkehren.

Sehenswertes

Aphrodite-Tempel   ■ e 4
Wenn man vom Mandráki-Hafen aus in die Altstadt geht, führt der Weg gleich zu Beginn durch das Freiheits-Tor (Eleftherías-Tor).

Dann steht man auf einem freien Platz, dessen antike Grundmauern auffallen: Aufgrund von Weihegaben und Inschriften konnten sie als Reste eines dorischen Tempels zu Ehren der Liebesgöttin Aphrodite identifiziert werden, erbaut im 3. Jh. v. Chr. Das Gebäude dahinter war einst die Herberge der Ritter der Auvergne.
Platía Sími, Rhodos-Altstadt

Aquarium 👫👫   ■ c 1
In zahlreichen Becken sind Fische des Mittelmeers zu sehen; in einem kleinen Museum sind Kuriositäten wie ein Kalb mit sieben Hufen und Seehundembryos ausgestellt.
Odós Ko, Rhodos-Neustadt; tgl. 9–23.30 Uhr, Winter 9–16.30 Uhr

Großmeisterpalast   ■ d 4
Am oberen Ende der Ritterstraße steht am höchsten Punkt der Altstadt der Großmeisterpalast. Er war der Amts- und Wohnsitz des obersten Ordensritters, der zugleich über den souveränen Ritterstaat herrschte.

Der Großmeister wurde von einem Wahlmännergremium auf Lebenszeit gewählt. Die Wahlmänner wurden von den »Zungen« genannten Untergliederungen des Ordens bestimmt. Der Palast wurde im 14. Jh. erbaut und Ende des 15. Jh. nach einem Erdbeben erneuert. 1851 fügte ihm ein Erdbeben erneut schwere Schäden zu, 1856 zerstörte ihn eine Explosion nahezu vollständig. Ein Blitz war in die benachbarte Ordenskirche eingeschlagen, in deren Kellern die Ritter 1522 kurz vor ihrem Abzug von der Insel ihre Munitions- und Schießpulvervorräte versteckt hatten.

Die Italiener ließen den Palast wieder aufbauen. Sein Äußeres rekonstruierten sie nach Zeichnungen früher Reisender und erhaltenen Grundmauern, sein Inneres gestalteten sie völlig frei.

Original erhalten ist nur das von zwei mächtigen Rundtürmen flankierte alte Haupttor, das auf einen 40 mal 50 m großen Innenhof führt, um den herum die Palastgebäude gruppiert sind. Besichtigt werden können nur etwa zehn Prozent der Räumlichkeiten. Sie sind mit Möbeln und Kunstwerken verschiedenster Herkunft und Epochen dekoriert. Wirklich sehenswert sind die schönen Mosaike von der Insel Kos, die überwiegend im 3. und 2. Jh. v. Chr. entstanden, sowie zwei Ausstellungen mit Audiovisionsschau, die anschaulich Aufschluss über das Alltagsleben von Herren und Sklaven in Antike und Mittelalter geben.
Platía Kleóvulu, Rhodos-Altstadt; tgl. außer Mo 8–15 Uhr (Juni–Aug. Mo 12.30–19, Di–Fr 8–19, Sa/So 8.30–15 Uhr)

Mandráki-Hafen   ■ d 3/e 4
Der Hafen, dessen Name »Schafpferch« bedeutet, ist zu jeder Jahreszeit von Ausflugsdampfern, Segel- und Motoryachten übersät. Er wird im Osten durch eine etwa 400 m lange Mole geschützt, auf der zum Teil noch die großen Quader der antiken Mole zu erkennen sind: Im Mandráki-Hafen lagen im Altertum die Kriegsschiffe von Rhodos, im Mittelalter die Galeeren der Ritter.

Auf der Mole stehen drei Windmühlen sowie am Molenende die kleine Festung Ágios Nikólaos, Ende des 15. Jh. erbaut. Sie war während der Belagerung durch die Türken schwer umkämpft, konnte aber nicht eingenommen werden. Die Hafeneinfahrt wird von zwei Säulen flankiert, auf denen die Wappentiere der Insel stehen: Elafós und Elafína, Hirsch und Hirschkuh.

Der bedeutendste Bau am Hafen ist die **Néa Agorá**, ein vieleckiger, ein-einhalbgeschossiger Bau, in dem sich zahlreiche Läden und Lokale nieder-gelassen haben. Unter seinen Arkaden auf der Hafenseite sitzen von frühmorgens bis spät in die Nacht hinein Einheimische und Urlauber. In seinem weiten Innenraum wird in einem großen Kiosk täglich außer sonntags der Fischmarkt von Rhodos abgehalten, kleine Restaurants und Bars bieten einen preiswerten Imbiss an. Der orientalisch anmutende Bau stammt wie viele andere Gebäude an der am Hafen entlangführenden **Freiheitsstraße (Odós Eftherías)** – beispielsweise Hauptpost, Regierungsgebäude und Theater – aus der italienischen Besatzungszeit.

Monte Smith ■ a 5/a 6

Im Südwesten der Stadt erhebt sich ein Höhenrücken, den die Italiener Monte San Stefano nannten und der heute wieder wie im 19. Jh. Monte Smith heißt.

Namensgeber war ein britischer Admiral, der im Jahre 1802 die britischen Marineeinheiten auf Rhodos kommandierte. Diese hatten im Bündnis mit der Türkei die Aufgabe, während des napoleonischen Ägypten-Feldzugs den östlichsten Teil des Mittelmeers zu bewachen.

Auf dem Monte Smith stand in der Antike die Akropolis der Stadt Rhodos. Sie war noch vollständig in den Ring der antiken Stadtmauer einbezogen, der damit um ein Vielfaches länger war als der der Ritterstadt. Innerhalb dieser antiken Mauern lebten in den drei Jahrhunderten

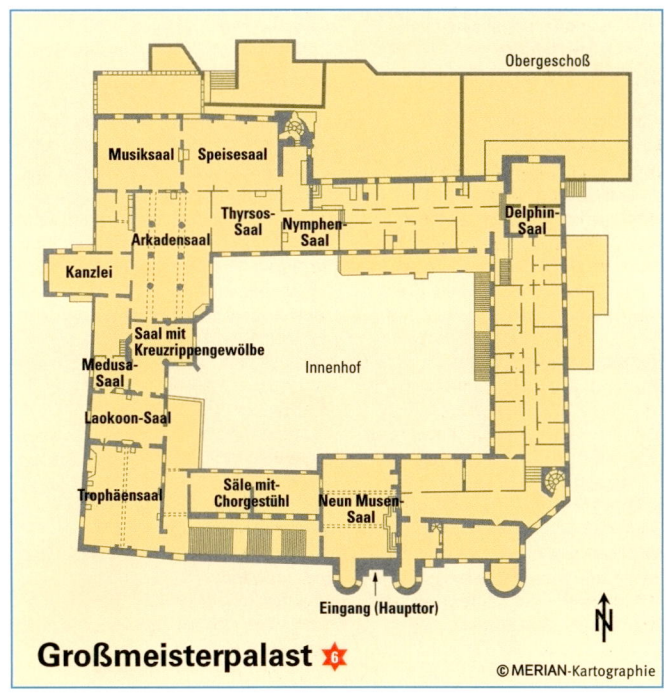

Großmeisterpalast ✡

© MERIAN-Kartographie

vor Christi Geburt mindestens 60 000 Menschen.

Auf dem Monte Smith ist aus der Antike nicht mehr viel erhalten. Die Italiener haben dreieinhalb Säulen eines Apollo geweihten Tempels wieder aufgerichtet und unterhalb davon ein Theater rekonstruiert, von dem nur noch drei Sitze der untersten Sitzreihe im Original erhalten waren. Das Theater, das heute wieder 800 Menschen Platz bietet, diente wahrscheinlich als »Hörsaal« der berühmten rhodischen Rednerschule, die auch die römischen Politiker Cäsar und Cicero besuchten.

Wiederum ein kurzes Stück unterhalb des Theaters rekonstruierten die Italiener das antike Stadion, von dem nur noch wenige Reihen in der Stadionrundung gefunden wurden. Heute gibt die 190 m lange und 35 m breite Anlage wieder einen guten Eindruck von einer solchen hellenistischen Sportstätte.

Etwas abseits von diesen rekonstruierten antiken Bauwerken befinden sich am höchsten Punkt des Monte Smith (111 m) die sehr spärlichen Reste eines Tempels für Athena und Zeus. Von hier aus hat man einen besonders schönen Ausblick entlang der Westküste, hinüber nach Kleinasien und zur Insel Sími.
Ständig geöffnet; Bus Nr. 5 ab Néa Agorá/Mandráki-Hafen

Redjeb-Pascha-Moschee   ■ e 5

An einem stillen Platz im Türkenviertel der Altstadt steht die schönste Moschee von Rhodos. Sie wurde bereits 1588 errichtet. Für den großen Reinigungsbrunnen und die Vorhalle hat man Architekturfragmente von Bauten der Byzantiner und der Johanniter verwendet; der Innenraum ist mit persischen Fayencen, lindischen Tellern und arabischen Schriftzügen in Stuck geschmückt.
Platía Doriéos, Rhodos-Altstadt; Innenbesichtigung zur Zeit nicht möglich

Ritterstraße   ■ d 4/e 4

Die Ritterstraße von Rhodos war die Hauptstraße des **Collachium** genannten Viertels der Altstadt, in dem die Ritter lebten, in dem ihr Hospital und ihre Arsenale standen. Sie verläuft schnurgerade von der hafenseitigen Stadtmauer hinauf zum Großmeisterpalast und ist Europas einzige vollständig erhaltene Wohnstraße vom Anfang des 16. Jh. Die Gebäude, die das Pflaster mit dem Rinnstein in der Mitte säumen, sind im Stil der Spätgotik erbaut. Ihre streng wirkenden Fassaden sind klar gegliedert und tragen steinerne Wappenschilder des Ordens und verschiedener Großmeister. Die meisten von ihnen sind Paläste der diversen Landsmannschaften des Ordens.

Nach dem Abzug der Johanniter von Rhodos im Jahre 1523 ließen sich wohlhabende türkische Familien in der Ritterstraße nieder. Ihren Sitten entsprechend bauten sie an die Fassaden viele hölzerne Erker, durch die die Frauen am Leben auf der Straße Anteil nehmen konnten. Die Italiener rissen diese Erker ab und stellten den ursprünglichen Zustand der Ritterstraße wieder her. Heute sind in den meisten Palästen Büros verschiedener archäologischen Institute untergebracht.

Am Beginn der Ritterstraße steht linker Hand das Ordenshospital, heute **Archäologisches Museum**. Ihm schließt sich ein Gebäude im Stil der katalanischen Gotik an.

Der 70 m langen Fassade des Hospitals gegenüber befindet sich zwischen nicht mehr genau zuzuordnenden Gebäuden der **Palast der italienischen Ritter**, der erst 1519 fertiggestellt wurde.

Kurz darauf folgt rechter Hand der größte der Paläste, nämlich der der **französischen Ritter**. An ihn schließen sich die Französische Kapelle und das Haus des Kaplans der Französischen Zunge an.

Oben: Im Museum für dekorative Kunst sind Meisterwerke der Volkskunst seit dem 16. Jahrhundert zu bestaunen.

Mitte: Geschichtsunterricht ganz anschaulich – die Ritterstraße. Die Gebäude, im Stil der Spätgotik erbaut, sind klar gegliedert und tragen steinerne Wappenschilder des Johanniterordens.

Unten: Im Außenbereich des Archäologischen Museums sind hellenistische und römische Statuen aufgestellt. Ein paar Schritte weiter beginnt der romantische Garten, der nicht nur Verliebten zu empfehlen ist ...

Hinter dem ersten Bogen, der sich über die Ritterstraße spannt, folgt linker Hand der **Palast der spanischen Ritter**, rechts der der **Ritter der Provence**.

Den Anschluss der Ritterstraße bildet dann ein zweiter Bogen, über dem in der Ritterzeit ein Arkadengang vom Großmeisterpalast in die Ordenskirche hinüberführte, die bei der von einem Blitzschlag ausgelösten Pulverexplosion im Jahre 1856 vollständig zerstört wurde. Die Ritterstraße endet dann auf dem Kleóvoulou-Platz mit dem krönenden Höhepunkt, dem **Großmeisterpalast**.
Rhodos-Altstadt, Odós Ippóton; ständig zugänglich, Innenbesichtigung der Paläste nicht möglich

Rodíni-Park 👬👧 südwestlich ■ d 6
Zwischen dem Monte Smith und der Straße nach Líndos liegt am Stadtrand von Rhodos ein überraschend grüner Park, mit einem Bach mit kleinen Wasserfällen und winzigen Teichen. In einem Gehege wird Damwild, das Wappentier der Insel, gehalten, und überall stolzieren prächtige Pfauen herum. Vögel zwitschern in den von den Italienern gepflanzten Pinien, in Zypressen, Platanen und Erdbeerbäumen.

In einem Lokal am unteren Ende des Parks kann man sich erfrischen, auf einem großen Platz am oberen Ende treffen sich die Stadtbewohner alljährlich am Rosenmontag zu einem ausgedehnten Picknick.

Am Rande dieses großen Picknickplatzes liegt auch das so genannte **Ptolemäer-Grab**, ein quadratisches Felsgrab von 27,8 m Seitenlänge, das wohl im 4. Jh. v. Chr. entstanden ist. Es muss einmal ein Prachtbau gewesen sein, wie die auf einer Seite noch gut erhaltene, fast 5 m hohe geglättete Fassade mit ihren aus dem Fels gehauenen Halbsäulen zeigt.

Im Innern des Grabes befinden sich zwei große Räume, in deren Wände in späterer Zeit zahlreiche Nischen für die Urnenbeisetzung geschlagen wurden. Wer sich diesen pompösen Grabbau leisten konnte, weiß man bis heute nicht. Zahlreiche weitere Gräber wurden im gesamten Gebiet von Rodíni entdeckt, das in der Antike außerhalb der Stadtmauern lag und wohl eine der Nekropolen der Stadt bildete.
An der Straße Rhodos–Líndos; ständig zugänglich, Innenbesichtigung des Grabes nicht möglich

Stadtmauern und -tore 👬👧 ■ c 4/f 6
4 km lang sind die Mauern, die die Altstadt von Rhodos umgeben. Als die Johanniter 1309 die Insel übernommen hatten, bauten sie zunächst die byzantinischen Stadtmauern aus. Eine türkische Belagerung im Jahre 1480, die nach 89 Tagen erfolglos abgebrochen wurde, zeigte aber, dass diese Mauern einem erneuten, mächtigeren Angriff nicht standhalten würden. Die Ritter holten die besten Festungsbauer ihrer Zeit und verstärkten den Mauerring. Die innere Mauer erhob sich jetzt bis zu 20 m hoch über dem Wallgraben und war bis zu 12 m dick. Sie war von einer bis zu 4 m breiten Brüstung bekrönt, zwischen deren Zinnen Kanonen postiert werden konnten. Kleine Festungsinseln im Wallgraben, der bis zu 25 m breit war, boten zusätzlichen Schutz. Türme und Bastionen mit runden, Kanonenkugeln besser abweisenden Formen entstanden und schützten die sieben Tore der Stadt.

Im Juni 1522 segelten die Türken mit 400 bis 700 Schiffen heran, die nach vielleicht übertriebenen Schätzungen 200 000 Soldaten und Pioniere trugen. Ihnen standen nur 500 Ritter, 1500 Söldner und die schlecht ausgebildete einheimische Bevölkerung gegenüber. 50 000 Türken und 350 Ritter fielen in den Kämpfen, doch die Mauern blieben für die Türken unüberwindbar. Die Friedensangebote der Türken enthielten jedoch so günstige Bedingungen, dass die Ritter schließlich in Friedensverhandlungen mit den Türken eintraten und daraufhin am 1. Januar 1523 die Insel mit 4000 Griechen in ihrem Gefolge verließen.

Den besten Eindruck von den Stadtmauern bekommt man bei einem Rundgang über den Teil der Mauer, der zwischen **Amboise-Tor** und **Johannes-Tor** liegt.

Das eindrucksvollste der mittelalterlichen Stadttore ist das 1512 fertig gestellte Amboise-Tor mit seinen mächtigen Türmen, durch das ein mehrfach abknickender Weg in die Altstadt hineinführt.

Mauerrundgang nur Di und Sa möglich. Treffpunkt am Großmeisterpalast um 14.45 Uhr. Außerdem kann man die Mauern den ganzen Tag über auch im tiefen Wallgraben umrunden, durch den ein bequemer Weg führt.

Süleiman-Moschee   ■ d 5
Den oberen Abschluss der Sokrates-Straße, der Haupteinkaufsstraße in der Altstadt von Rhodos, bildet die rosafarben verputzte Süleiman-Moschee. Sie wurde erstmals 1523 – gleich nach der Eroberung der Stadt durch die Truppen Sultan Süleimans des Prächtigen – erbaut.

Der Herrscher der Osmanen war damals gerade 28 Jahre alt und saß erst seit zwei Jahren auf dem Thron. Die heutige Moschee ist ein »Neubau« aus dem Jahre 1808.
Rhodos-Altstadt, Odós Sokrátous, keine Innenbesichtigung möglich

Türkische Bibliothek   ■ d 5
Der Süleiman-Moschee direkt gegenüber liegt die 1793 erbaute Türkische Bibliothek mit einer wertvollen Sammlung von Büchern und Handschriften.
Rhodos-Altstadt, Odós Orféos; Mo–Fr 9–14, Mi auch 17–19 Uhr

Türkischer Friedhof   ■ d 2
Außerhalb der mittelalterlichen Stadtmauern entstand im Jahre 1523 die Murad-Reis-Moschee, benannt nach dem Großadmiral der türkischen Eroberungsflotte. Er wurde in einem Mausoleum neben der Moschee beigesetzt. Rund um die Moschee erstreckt sich noch heute unter schattigen Bäumen ein idyllischer türkischer Friedhof.
Rhodos-Neustadt, Odós Nik. Savva; ständig zugänglich

Türkisches Bad   ■ d 5
Was für die Römer die Thermen waren, war für die Türken ihr **Hammam**. Ein ziemlich großes türkisches Bad errichteten sie 1765 in Rhodos. Unter einer großen Kuppel liegen die Räumlichkeiten der Herren, unter einer kleineren die der Damen. Innenbesichtigungen sind nur möglich, wenn man eine normale Eintrittskarte kauft. Man betritt den Umkleideraum, zieht sich völlig aus, legt sich ein Handtuch um und schlüpft in hölzerne Sandalen. Dann betritt man die Baderäume, in denen allerdings kein Masseur oder Bademeister mehr Dienst tut.
Rhodos-Altstadt, Platía Ariónos; Di–Fr 11–18, Sa 8–18 Uhr

Verkündigungskirche   ■ d 3
Die Bischofskirche von Rhodos am Mandráki-Hafen ist ein Werk der Italiener. Sie ließen sie im Jahre 1925 nach Zeichnungen der Ordenskirche der Johanniter erbauen, die 1856 durch Blitzschlag zerstört worden war. 1947 wurde sie den griechisch-orthodoxen Christen übergeben und in den folgenden Jahrzehnten vollständig im byzantinischen Stil ausgemalt. Mit etwas Bibelkenntnis wird man zumindest die bekannteren Ereignisse aus dem Neuen Testament finden.
Rhodos-Neustadt, Odós Eleftherías; tgl. 7–12 und 17–19.30 Uhr

Museen

Archäologisches Museum ■ e 4/e 5
Interessanter als die Ausstellungsobjekte des Museums ist der Museumsbau selbst: das **Ordenshospital der Johanniterritter**. Es wurde erst kurz vor der Eroberung der Insel durch die Türken im Jahre 1485 in Betrieb genommen. Bis dahin unterhielten die Ritter ein kleineres Hospital, in dem heute das Museum für dekorative Kunst untergebracht ist. Äußerlich ist das Hospital recht schlicht. Man betritt es durch einen im Stil der Gotik gestalteten Torbogen und steht dann in einem weitläufigen Innenhof, der auf allen vier Seiten von einem zweigeschossigen Arkadengang umlaufen wird. Über eine breite Freitreppe gelangt man ins Obergeschoss, in dem der große Krankensaal der Ritter liegt. Er ist 12 m breit und über 50 m lang. Gotische Spitzbögen, die auf sieben vieleckigen Pfeilern ruhen, teilen ihn optisch in zwei Teile. Die Kranken lagen hier für damalige Zeiten sehr ungewöhnlich – jeder in einem eigenen Bett. Ihr Essen wurde ihnen auf silbernen Tellern serviert: nicht nur wegen der Hygiene, sondern vor allem auch, um die Demut der Ritter vor dem einfachen Menschen als Kind Gottes zu zeigen. Alle Ritter, der Großmeister eingeschlossen, mussten regelmäßig im Hospital Dienst tun. Aufgenommen wurden Kranke und Pflegebedürftige aller Religionen, auch Juden und Moslems. Der hohe Standard der medizinischen Versorgung und der Pflege hatte solch einen guten Ruf, dass manchmal sogar Kranke aus fernen Ländern angereist kamen, um sich hier behandeln zu lassen.

Die schönsten und berühmtesten Stücke im Museum sind die »Kauernde Aphrodite«, eine Marmorstatue aus der Zeit um 100 v. Chr., die auch als Nymphe interpretiert wird, und eine Grabstele aus der Zeit um 420 v. Chr., deren Figuren laut Inschrift als Krito und Timarista benannt werden. Timarista, die größere der beiden Figuren, ist die verstorbene Mutter der Krito. Timarista ist frontal dargestellt, ihr Kopf als Profil. Ihre Beinstellung scheint anzudeuten, dass sie fortgehen will. Krito hat sich ihr ganz zugewandt, scheint sie halten zu wollen, hat ihre linke Hand auf die Schulter der toten Mutter gelegt, neigt den Kopf in Trauer vor ihr, liebkost sie mit der linken Hand. Diese Stele ist eines der Meisterwerke der Antike.

Die »Kauernde Aphrodite« ist völlig nackt. Die Figur ist nahezu vollständig erhalten, nur die kleinen Finger fehlen. Aphrodite scheint im Bade überrascht worden zu sein, schaut, wer da kommt. Um besser sehen zu können, hält sie mit beiden Händen ihr langes Haar zur Seite und dreht ihren anmutigen Körper in Richtung des Herannahenden. Genau diesen Augenblick scheint der Bildhauer festhalten zu wollen. Die Figur wirkt sehr spielerisch.

Eine zweite Aphrodite, die so genannte Große Aphrodite, hat leider im Verlauf der Jahrhunderte ihre Arme verloren. Interessant wird ihr Anblick, wenn man der Interpretation mancher Archäologen glaubt: Aphrodite hat gerade ein Geräusch vernommen und wendet darum ihren Kopf nach links. Vor Schreck hat sie offenbar ihr Gewand fallen lassen. Mit dem rechten Arm versucht sie, ihren Busen zu bedecken, mit dem linken, ihr Gewand festzuhalten. Die Statue wird in die hellenistische Zeit datiert.

Rhodos-Altstadt, Odós Apéllou;
Tel. 02 76 74; tgl. außer Mo 8–15 Uhr,
(Juni–Aug. Di–Sa 8–20), So 8–14.30 Uhr

Oben: Der türkische Friedhof mit seinen Grabsteinen ist dem Verfall preisgegeben.

Mitte: Ein wirklich alter Bau ist der Großmeisterpalast nicht, obwohl er sich so harmonisch ins mittelalterliche Stimmungsbild von Rhodos einfügt – ein Besuch lohnt jedoch auf jeden Fall.

Unten: Die Mühlen am Mandráki-Hafen sind zum Wahrzeichen von Rhodos geworden. Hier muss man kein Romantiker sein, um ins Schwärmen zu geraten...

Byzantinisches Museum ■ e 4

Das Museum schräg gegenüber vom Archäologischen Museum ist stilvoll in der Marienkirche »Panagía tou Kástrou« untergebracht. Sie entstand bereits im 11. Jh. als byzantinische Bischofskirche. Die Johanniter bauten sie um und versahen sie mit einem gotischen Kreuzrippengewölbe. Sehenswert sind die ausgestellten Wandmalereien. Eine besondere Note bekommt der Rundgang durch den architektonischen Rahmen und die klangliche Untermalung mit orthodoxen Kirchengesängen (aus einer Lautsprecheranlage).
Rhodos-Altstadt, Platía Mousíou; 2001 war das Museum geschlossen; Wiedereröffnung für 2002 geplant

Museum für dekorative Kunst ■ e 4

In einem Teil des ersten Ordenshospitals ist heute ein volkskundliches Museum untergebracht. Gezeigt werden zahlreiche lindische Teller und andere Keramikwaren, Stickereien, Holztruhen und Möbel sowie Trachten vom Dodekanes.
Rhodos-Altstadt, Platía Argirokástrou; tgl. außer Mo 8.30–15 Uhr, im Sommer länger

Städtische Gemäldegalerie ■ e 4

Dieses Museum ist der zeitgenössischen griechischen Kunst gewidmet und ist das bedeutendste seiner Art außerhalb Athens. Gezeigt werden Werke von Bildhauern, Grafikern und Malern, darunter auch Gemälde des international renommierten Malers Theophilos (1868–1934), der vom griechischen Nobelpreisträger Geórgios Seferis als »ein Lebensquell für die neugriechische Malerei« bezeichnet wurde. Bemerkenswert ist auch die »Byzantinische Landschaft« von Fotis Kontoglou (1896– 1965), der als führende Gestalt des Revivals byzantinischer Maltradition in Griechenland gilt.
Rhodos-Altstadt, Platía Sími; tgl. Mo–Sa 8–14 Uhr

Essen und Trinken

Alexis ■ d 5

Renommiertes Fischrestaurant an der Haupteinkaufsstraße mit Plätzen drinnen und draußen.
Rhodos-Altstadt, Odós Sokrátous 18; Tel. 02 93 47; tgl. 12–15.30 und 18.30–24 Uhr ★ ★ ★ ★ AmEx EURO VISA

Aralíki M M ■ e 5

Das winzige Lokal auf zwei Etagen eines Altstadthauses macht seinem Namen alle Ehre: Er bedeutet »Entspannung«. Die beiden jungen Wirtinnen servieren täglich andere fantasievolle Gerichte. Wenn man in der kühleren Jahreszeit nur drinnen sitzen kann, ist eine Tischreservierung empfehlenswert.
Odós Aristofánou 45; Tel. 07 37 08; Mo–Sa ab 18 Uhr ★ ★ (keine Kreditkarten)

Costas ♀♂ ■ e 5

Sehr einfache griechische Taverne mit herzlichen Wirtsleuten in einem uralten Gewölbe und auf einer windgeschützten Terrasse.
Rhodos-Altstadt, Odós Pithágoras 62; Tel. 02 62 17; tgl. 11–15 und 17–23 Uhr ★ (keine Kreditkarten)

Dinóris M ■ e 4

Erstklassiges Fischrestaurant in historischen Gewölben mit schönem Dachgarten direkt an der Stadtmauer. Teuer, aber gutes Preis-Leistungs-Verhältnis. Ganzjährig geöffnet, da auch von Einheimischen hoch geschätzt.
Rhodos-Altstadt, Platía Mousíou 14A; Tel. 02 58 24; tgl. 12.30–24 Uhr ★ ★ ★ ★ AmEx DINERS EURO VISA

Johnny's Pub ■ c 3

Gepflegtes Pub in der Neustadt.
Odós Iróon Politechníou 8; Tel. 02 25 76; tgl. ab 11 Uhr ★ (keine Kreditkarten)

Le Bistro de l'Auberge ■ d 5

Französische Landgasthofsküche in

einem restaurierten Haus aus der Rit-
terzeit. Französisches Wirtsehepaar
aus Lyon und Limoges.
Rhodos-Altstadt, Odós Praxitélous 21;
Tel. 03 42 92, Di–So ab 19 Uhr ★ ★ ★
EC VISA

Mama Sofia M M M   ■ d 5
Taverne auf zwei Etagen, Dach-
garten. Mutter Sofia kocht, ihr Sohn
Stavros berät und serviert. Zu den
besonderen Spezialitäten des Hau-
ses gehören frische Langusten, Mu-
scheln und andere Schalentiere.
Hier werden auch »kydónia« serviert,
die man wie Austern lebend schlürft..
Fisch ist hier relativ preiswert.
Odós Orféos 28; Tel. 02 44 69; tgl. ab 12
Uhr ★ ★ AmEx DINERS EURO VISA

> ! **MERIAN-Tipp**
>
> Café Chantant Typisch grie-
> chische Musiklokale sind
> nicht jedermanns Geschmack,
> denn sie sind meist teuer und
> laut. Das Café Chantant bildet
> da keine Ausnahme. Zehn Mu-
> siker und Sänger stehen auf
> der Bühne und zelebrieren
> griechische Musik, zu der die
> zumeist einheimischen Gäste
> tanzen dürfen. Lieder von Míkis
> Theodorákis oder Mános Chat-
> zidákis sind ebenso darunter
> wie orientalisch anmutende
> Klänge. Getrunken wird über-
> wiegend Whisky. Griechen be-
> stellen ihn für ihre Tischge-
> meinschaft gleich flaschenwei-
> se; es gibt aber auch Einzel-
> Drinks (ab etwa 8 Euro/Glas).
> Rhodos-Altstadt, Odós Aris-
> totélous 42, Tel. 03 22 77,
> Mi–Mo 24–3 Uhr, Minimumver-
> zehr etwa 22 Euro/Person
>   ■ e 5

Maskot   ■ e 5
Griechische Spezialitäten wie gefüll-
tes Souvláki vom Schwein, Muscheln
und in Folie mit Gemüse gegrilltem
Käse. Wein vom Fass.
Rhodos-Altstadt, Odós Sofokléous 15; Tel.
02 55 49; tgl. 11–24 Uhr ★ ★ EURO VISA

Néa Agorá 🍴   ■ d 3/d 4
Im großen Innenhof der Néa Agorá
am Mandráki-Hafen isst man gut und
preiswert. Die zahlreichen Tavernen
bieten ein breites Spektrum griechischer Grillspezialitäten wie Gíros,
Loukaniká (griechische Landwurst),
Souvláki, Biftéki und Huhn. Die meisten Lokale sind schon frühmorgens
geöffnet und schließen erst weit
nach Mitternacht.
Rhodos-Neustadt, Platía Akousiláou;
tgl. 12–15 und 18–23 Uhr ★ (keine Kreditkarten)

Pandesia   ■ d 3/d 4
Sehr einfaches Freiluft-Restaurant
in romantischer Umgebung, griechi-
sche Küche, familiäre Atmosphäre.
Die Inhaber kommen von der Insel
Kárpathos; Mutter trägt in der Küche
wie in ihrer Heimat üblich die dortige
Inseltracht.
Rhodos-Altstadt, Platía Akousiláou;
tgl. ab 9 Uhr ★ (keine Kreditkarten)

Roloy M   ■ d 5
Café und Bar auf Terrassen unterhalb
des Uhrturms, schöner Blick über
die Altstadt. Abends Piano-Musik.
Besteigung des Uhrturms für Gäste
kostenlos.
Rhodos-Altstadt, Odós Orféos 1; tgl. 9–19
und 21–23 Uhr ★ ★ (keine Kreditkarten)

7,5 Thávma   ■ b3
Renommiertes Restaurant mit inter-
nationaler Küche in einem Haus aus
dem 17. Jh. Besonders schön sind die
Plätze im kleinen Innenhof.
Rhodos-Neustadt, Odós Dilperáki 15;
Tel. 03 98 05; tgl. ab 19 Uhr ★ ★ ★
EC VISA

Einkaufen

Auf Rhodos gibt es viele gut verdienende Einheimische. An sie und an die vielen gut verdienenden Urlauber wenden sich zahlreiche exzellente Geschäfte. Stammkunden erhalten bessere Preise: Urlauber können ihnen nahekommen, wenn sie beim Kauf Geduld aufbringen und nicht gleich beim ersten Besuch kaufen, sondern öfter einmal auf ein Tässchen Kaffee beim Möchtegern-Verkäufer einkehren. Das trifft insbesondere auf die vielen Juweliere und Kürschner der Insel zu: Jeder Kaffee senkt den Preis – und birgt allerdings auch die Gefahr, dass man mehr kauft als ursprünglich beabsichtigt ...

Casts and Reproductions   ■ e 4
Staatlich geführtes Geschäft, in dem eine große Anzahl von Museumsrepliken aus ganz Griechenland und von Ikonen-Reproduktionen gekauft oder auch nach Katalog bestellt werden kann.
Rhodos-Altstadt, Odós Apéllou/Ecke Ritterstraße

Ilías Lalaoúnis   ■ e 4
Filiale eines weltberühmten Athener Juweliers und Schmuck-Designers.
Rhodos-Altstadt, Platía Megálou Alexándrou

Interfurs   ■ e 5
Dimítrios Zánnis ist Pelz- und Lederhändler aus Leidenschaft. Er designed seine Ware selbst aus Pelzen, Leder und Velours und entwirft für seine Kunden blitzschnell auch Jacken und Mäntel nach deren eigenen Vorstellungen.
Rhodos-Altstadt, Platía Ippokrátous 27–30; Tel. 07 78 03

Manuel Records   ■ d 3
Sagenhaft gute Auswahl an CDs, mit Glück auch gute Beratung.
Rhodos-Neustadt, Odós 25is Martíou 11–13

Silberschmuck Kassiotis   ■ d 5
Kleines Juweliergeschäft, in dem der Inhaber Geórgios Kassiotis den größten Teil seines Angebots noch selbst in der winzigen, fensterlosen Werkstatt im hinteren Teil des Ladens herstellt. Für den Verkauf sind seine gut Deutsch sprechende Frau Stella und seine Schwester Irini zuständig. Besonders beliebt sind seine Ohrstecker in Form einer Granatapfelblüte.
Rhodos-Altstadt, Odós Sokrátous 43; Tel. 02 87 15

Sifónios ⓜ   ■ e 5
Kleine Destillerie in Familienbesitz, die Ouzo in drei verschiedenen Varianten und recht süße Liköre mit Koriander-, Erdbeer-, Bananen- und Kokosnussaroma herstellt.
Rhodos-Altstadt, Odós Pithágoras 42; Tel. 02 93 01; Mo–Fr 8–23 Uhr

Am Abend

Élli   ■ d 2
Traditionsreichstes Bouzuki-Lokal der Stadt, aber auch Folklore.
Rhodos-Neustadt, Aktí Koundourióti 6; Tel. 02 68 00; tgl. ab 22 Uhr

Gas Dance Station   ■ d 3
Zentral gelegene Diskothek.
Rhodos-Neustadt, Odós 25is Martíou 2; tgl. ab 23.30 Uhr.

Nationaltheater   ■ d 2
Über Gastspiele von Theater- und Ballettensembles, Orchestern und anderen Künstlern informieren Plakate am Eingang.
Ethnikó Théatro, Rhodos-Neustadt Leofóros Eleftherías; Tel. 03 06 68 (Programmauskunft)

Playboy Casino   ■ c 2/d 2
Ein Exklusiv-Vertrag mit dem Männermagazin erlaubt es dem Casino, den Namen und das Playboy-Logo zu führen und seine Gäste von Bunnies bedienen zu lassen. Das Ganze ge-

schieht am historischen Ort: im eins-
tigen Hotel Grande Albergo delle
Rose. Kein Krawattenzwang.
Hotel des Roses, Odós Ko (auch vom
Strand aus zugänglich)

Ton und Licht   ■ d 4
Außerhalb der Stadtmauern wird
in einem schönen Park unterhalb
des Großmeisterpalastes zwischen
April und Oktober an jedem Abend
ein stimmungsvolles Spektakel
inszeniert. Zu vielen Licht- und Ton-
effekten wird in vielen Sprachen die
Geschichte der türkischen Belagerung der Insel im Jahr 1522 erzählt.
Platía Rímini; Tel. 02 19 22; www.
greekfestival.gr; tgl. mehrmals abends

Volkstanz-Theater Nelli Dimoglu
                                      ■ d 5
Authentische, sehr professionelle
Aufführung verschiedener griechi-
scher Tänze in Trachten.
Rhodos-Altstadt, Odós Andrónikou 7;
Tel. 02 01 57; Mai–Okt. So–Fr 21.15 Uhr

Service

Auskunft
Castellania Travel Service   ■ e 5
Privates Reisebüro, besser als jede
offizielle Auskunftstelle.
Rhodos-Altstadt, Platía Ippokrátous/Odós
Euripidou 1–3; Tel. 07 58 60, Fax 7 58 61;
castell@otenet.gr

Griechische Zentrale für
Fremdenverkehr   ■ d 4
Rhodos-Neustadt, Odós Ethnárchou
Makárioú/Ecke Odós Papagoú; Tel.
02 19 21, Fax 2 69 55; Mo–Fr 7.30–15 Uhr
(ganzjährig)

Olympic Airways   ■ c 3/d 3
Rhodos-Neustadt, Odós Iérou Lóchou 9;
Tel. 02 45 71/2/3/4/5

Touristeninformation der Stadt
Rhodos   ■ d 4
Rhodos-Neustadt, Platía Rímini;
Tel. 03 59 45; tgl. etwa 8–20 Uhr

*Eine Pause gefällig? In einem
der vielen kleinen Cafés am be-
lebten Mandraki-Hafen findet
sich immer noch ein Plätzchen.*

Rhodos bietet genügend Ausflugsziele für drei Wochen – und alle kann man bequem auf Tagesausflügen mit Linien- oder Ausflugsbus, Auto oder Motorrad erreichen.

Neben den archäologischen Stätten und ursprünglich gebliebenen Dörfern lohnen insbesondere die stillen Klöster und die oft einsam gelegenen byzantinischen Kirchen einen Besuch. Für Erholungspausen sind schöne Strände nie weit.

Wer sich nicht für die gesamte Urlaubszeit einen Wagen mieten will, steuert die bekannteren Zielorte wie Rhodos-Stadt, Líndos, Kámiros und Kallithéa am besten mit dem preiswerten Linienbus an und unternimmt Ausflüge zu den Stränden entlang der Westküste mit dem Ausflugsdampfer. Dann kann man die Zeit, in der man einen – ja recht teuren – Mietwagen hat, nutzen, um die abgelegenen Dörfer und Klöster zu besuchen.

Aber nicht nur die Ausflugsziele sind ein Erlebnis. Auch die Fahrt von Ziel zu Ziel bereitet Freude, gehört die Landschaft der Insel doch zu den schönsten Griechenlands. Man sollte genügend Zeit einplanen, um unterwegs vielleicht einmal ein Picknick im Grünen zu veranstalten.

Wer das untouristische Leben in den Bergdöfern der Insel kennen lernen möchte, sollte das Nötigste für eine Zwischenübernachtung mitnehmen.

Ein breiter, felsiger Küstenstreifen umrahmt die kleine Bucht von Kallithéa. Wer hier ankert, sollte auch die berühmte Kuranlage mit ihren schwefelhaltigen Thermalquellen einen Besuch abstatten.

Ágios Nikólaos Fountoúkli ▪ C 7, S. 116

Umgeben von Feigen- und Olivenbäumen, Platanen, Zistrosen und Erdbeerbäumen steht in ländlicher Einsamkeit an der Straße, die von **Eleoúsa** auf den **Profítis Ilías** führt, seit über 600 Jahren die Kirche des »Heiligen Nikolaus von den Haselnüssen«. Noch im letzten Jahrhundert war sie der Mittelpunkt eines Klosters, dessen Zellentrakte inzwischen völlig verschwunden sind. Nur das einst baufällige Gotteshaus haben italienische Archäologen restauriert. Es handelt sich um die Stiftung eines hohen byzantinischen Beamten auf Rhodos, der wahrscheinlich kurz vor der Eroberung der Insel durch die Johanniter ihr Gouverneur war. Wie er ausgesehen hat, kann man noch heute auf einer Wandmalerei neben der westlichen Eingangstür erkennen: Der weißhaarige Herr trägt eine purpurfarbene Kappe und ist in einen pelzbesetzten purpurfarbenen Mantel gehüllt, an dessen Gürtel ein Tuch und ein schön gearbeiteter Geldbeutel hängen. Ihm gegenüber steht eine Frau in einem langen Kleid. Beide übergeben Christus die hier wie ein Modell wirkende, von ihnen gestiftete Kirche. Rechts und links oben sind Maria und Johannes der Täufer als Fürsprecher der Menschen zu sehen.

Der Anlass für die Stiftung der Kirche und ihre Ausmalung mit sehr schönen Fresken war eher traurig. Die drei Kinder des hochgestellten Paares waren – offenbar an einer Seuche – gestorben. Man sieht sie an der gegenüberliegenden Wand: einen kleinen Knaben namens Géorgios in der Mitte, links von ihm seine Schwester María und rechts von ihm das älteste Kind des Paares, ein stattlicher Jüngling, dessen Name nicht mehr zu entziffern ist. Sie werden von Christus gesegnet.

Apolakkiá   ■ DE 10, S. 119

Das kleine Bergdorf mit mehreren Tavernen und einem kleinen Hotel ist Ausgangspunkt für eine Fahrt zur besonders idyllisch gelegenen Kirche des **Ágios Geórgios o Várdas**. Laut Inschrift stammt sie aus den Jahren 1289/1290. Einige ihrer Wandmalereien sind noch erhalten: an der südlichen Wand u. a. der Einzug in Jerusalem und Christi Abstieg in die Unterwelt; an der nördlichen Wand Christi Geburt, die Taufe im Jordan, die Auferweckung des Lazarus und die Kreuzigung.

Anfahrt: In Apolakkiá folgt man dem Wegweiser nach Gennádi. Kurz nach dem Ortsende folgt man dem Wegweiser mit der Aufschrift »Dam«. Nach der zweiten Brücke, etwa 2 km nach Verlassen der Hauptstraße, biegt man nach links ab. Nach knapp 300 m biegt man vor einer dritten Brücke scharf nach rechts ein und fährt dann den zweiten Feldweg links hinauf. Ca. 100 m weiter steht die Kapelle.

Hotels/andere Unterkünfte

Amalia M

Hotel mit kleinem Pool und 18 großen, gut eingerichteten Zimmern mit Balkon im Dorfzentrum. Die Wirtsleute sprechen gut Englisch und Italienisch, urige Dorfkneipen liegen unmittelbar vor der Haustür.
Tel. 06 13 65, Fax 6 13 77; 18 Zimmer ★ (keine Kreditkarten)

Archángelos   ■ D 8, S. 117

6000 Einwohner

Das größte Dorf auf Rhodos hat sich zwar seit Ende der achtziger Jahre dem Tourismus geöffnet, konnte sich aber trotzdem viel Ursprünglichkeit bewahren.

Die Hotels liegen fast alle an den lauten Straßen im modernen Westteil

des Ortes, während an den gewundenen, engen Gassen im weitläufigen historischen Ortskern ausschließlich die farbig verputzten Häuser der Einheimischen stehen.

Mitten im alten Ortskern ragt der freistehende Glockenturm der Hauptkirche auf, die dem Erzengel Michael geweiht ist. Der Turm stammt aus der italienischen Besatzungszeit. Die Kirche selbst wurde schon 1845 geweiht. Am Ortsrand liegen auf einem niedrigen Hügel die stark verwitterten Ruinen einer 1467 erbauten Johanniterfestung.

Die nächsten Strände liegen 3 km entfernt in der Bucht von Stegná.

Hotels/andere Unterkünfte

Antónios ♟♟

Nur eine kleine Rasenfläche vor dem Haus und eine unbefestigte, kaum befahrene Straße trennen die kleine Apartmentanlage vom Sandstrand. Der gut Deutsch sprechende, sehr freundliche Wirt Antónios, der von Beruf eigentlich wie so viele Männer in Archángelos Töpfer ist und die Töpferei jetzt noch als Hobby betreibt, grillt gelegentlich für seine Gäste. Außer den Apartments am Strand vermietet er auch eine große Villa am Ortsrand von Archángelos. Stegná; Tel. 02 28 00, Fax 2 27 79; 7 Apartments ★ ★ (keine Kreditkarten)

Archípolis   ■ D 7, S. 117

Das Dorf in einem Tal im Inselinnern lädt mit seinen einfachen Tavernen und Kafenía zu einer längeren Rast ein. Eine Privatpension bietet Unterkunft. 2 km außerhalb des Dorfes steht an der Straße nach Kolímbia die moderne, innen vollständig mit Fresken ausgemalte Kirche des Ágios Nektários. Jedes Fresko wurde von einer anderen Familie der Insel gestiftet; die Namen der Stifterfamilie sind jeweils auf dem Bild vermerkt.

Die Kirche ist vormittags bis 12 Uhr und nachmittags ab etwa 15 Uhr geöffnet. Vor der Kirche steht eine uralte Platane mit völlig ausgehöhltem Stamm, in der sich die Rhodier gern fotografieren lassen. Auf den Felsen an der Terrasse der benachbarten Snack-Bar wachsen seltene Pflanzen. Auf der gegenüberliegenden Seite hat die Gemeindeverwaltung 1997 mit der Anlage eines kleinen Waldparks begonnen.

Asgoúrou ■ E 5, S. 117

Die meisten noch nach 1923 auf Rhodos ausharrenden Türken haben die Insel nach der Zypern-Krise im Jahre 1974 verlassen. Von denen, die blieben, leben die meisten in der Stadt Rhodos und im Dorf Asgoúrou am oberen Ende des Rodíni-Tals. Sie dürfen offiziell nicht Türken genannt werden, sondern nur »griechische Muselmanen«. Am östlichen Ortsrand wird von ihnen ein alter türkischer Friedhof mit interessanten Grabsteinen noch immer genutzt. Unweit davon steht die Ruine der aus dem 15. Jh. stammenden Kirche Ágios Ioánnis. Das Minarett stammt noch aus den Zeiten, als sie den Moslems des Dorfes als Moschee diente.

Asklípion ■ B 14, S. 120

Das vom Tourismus noch kaum berührte Dorf im Inselinnern besitzt eine der ältesten Kirchen der Insel, die schon im 11. Jh. Mariä Entschlafung geweiht wurde. Im 17. Jh. wurde der Bau um zwei Seitenschiffe erweitert und mit bis heute sehr gut erhaltenen Fresken ausgeschmückt. Sie sind in einem strengen Stil gemalt, wie man ihn meist in Klöstern findet; wahrscheinlich war der Hagiograph ein Mönch.

In der Apsis sieht man über den Kirchenvätern die Apostelkommunion und darüber die thronende Gottesmutter, flankiert von den Erzengeln Michael und Gabriel. Im Gewölbe über dem Altarraum erkennt man in der Mitte Christi Himmelfahrt, links die Opferung Isaaks und rechts das Gastmahl des Abraham als alttestamentarischen Hinweis auf die Himmlische Dreifaltigkeit. Das linke Querschiff ist mit neutestamentarischen Szenen geschmückt, im rechten findet man sehr selten wiedergegebene Szenen aus der Apokalypse des Johannes und die Darstellung Mariä Entschlafung. Im Gewölbe des Langschiffes werden u. a. die Erschaffung der Welt und der Sündenfall, die Kindheit Mariens, die Leidensgeschichte Christi und das Paradies gezeigt. An der Wand über dem Westportal erinnert das Jüngste Gericht die Gläubigen beim Verlassen der Kirche noch einmal an ihre christlichen Pflichten.

Auf dem modern gestalteten Kirchplatz sind auch zwei winzige Museen in alten Dorfhäusern untergebracht. Das eine zeigt Ikonen, liturgische Geräte, Gewänder und Bücher aus dem 16. bis 19. Jh. Das andere birgt neben landwirtschaftlichen Geräten eine alte Maschine zur Herstellung von Säcken und Matten sowie eine motorgetriebene Olivenpresse. Tgl. 9–18 Uhr

Hotels/andere Unterkünfte

Agapítos M
Sehr saubere, moderne Taverne und sehr preiswerte Pension unmittelbar oberhalb des Kirchplatzes. Von der Terrasse und den Zimmern aus genießt man einen weiten Blick über das grüne Hügelland und das Meer. Ideal für motorisierte Urlauber, die eine ganz ruhige Nacht verbringen wollen. Der nächste Strand ist 4 km entfernt.
Tel. und Fax 04 72 55; 3 Zimmer ★ (keine Kreditkarten)

Charáki   ■ D 13, S. 121

Das ehemalige Fischerdorf hat sich
Ende der achtziger Jahre in einen
kleinen Badeort verwandelt, in dem
überwiegend Österreicher Urlaub
machen. Ein markanter Fels nördlich
des Dorfes trägt die Überreste der
1470 erbauten Johanniterfeste Feráklos. Hier wurde während der Ritterzeit Zuckerrohr gepresst und aus
dem Saft Zucker raffiniert. Nördlich
des Burgfelsens liegt der Sandstrand
Agáthi. Charáki selbst besitzt nur
Kiesstrände.

Essen und Trinken

Argo M M
Gepflegte Fischtaverne in einem
Rundbau direkt am Meer, lebende
Hummer und Langusten aus eigenem
Wasserbecken.
Am südlichen Osrtsrand; Tel. 05 14 10
★ ★ ★ AmEx EURO VISA

Émbonas   ■ A 8, S. 116

Das große Bergdorf liegt am Hang
des Attáviros, des mit 1215 m höchsten Berges der Insel. Nahe seinem
Gipfel lag in der Antike ein Zeushei-
ligtum. Émbonas ist kein schönes,
aber ein intaktes Bauerndorf. In der
Umgebung wird viel Wein angebaut.
Im Ort gibt es mehrere Kellereien,
die besichtigt werden können.

Hotels/andere Unterkünfte

Vassilía-Atávyros
Sehr preiswerte Pension mit 14 modernen, sehr geräumigen Zimmern
über der gleichnamigen guten Taverne an der Hauptstraße nahe dem
oberen Ortsausgang. Besonders zu
empfehlen, wenn man am nächsten
Morgen früh zu einer Besteigung des
Berges Attáviros aufbrechen will.
Tel. und Fax 04 12 35; 14 Zimmer ★ (keine
Kreditkarten)

Einkaufen

Emery
Die größte Weinkellerei im Ort kann
besichtigt werden. Man kann die
Weine verkosten und kaufen.
An der Hauptstraße nahe dem unteren
Ortsausgang, Mo–Fr 9–15.20 Uhr

Essen und Trinken

In den Tavernen im alten Ortskern
werden Wein vom Fass und »Soúma«,
ein Tresterschnaps, ausgeschenkt.
Besonders empfehlenswert ist die
Chasapótaverna (Metzgereiwirt-
schaft) »Baki« in der Nähe der modernen Hauptkirche, in der man sich
sein Grillfleisch nicht am Tisch, sondern direkt im gegenüberliegenden
Metzgerkiosk aussucht.

Eptá Pigés   ■ D 7, S. 117

Selbst an den heißesten Tagen des
Sommers sitzt man an den Tischen
des Waldlokals »Eptá Pigés« nahe
der Schnellstraße von Rhodos nach
Líndos angenehm kühl. Hohe, alte
Platanen spenden Schatten, sieben
direkt nebeneinander liegende
Quellen speisen einen kleinen Bach,
Pfauen sorgen für angenehme und
Schulklassen mit Stereo-Kassetten-
recordern für unangenehm laute
Musik. Geht man etwa 100 m bach-
abwärts, verschwindet dieser plötz-
lich in einem kurzen Tunnel, den
Abenteuerlustige gern durchwaten.
An seinem Ende fließt der Bach in
einen winzigen Stauteich, in dem
man immer wieder mal Touristen
baden sieht. Man erreicht ihn auch,
wenn man dem Tunnelverlauf über
den Hügel folgt.

Feráklos   ■ D 13, S. 121

→ Charáki, s. o.

Oben: Ein ruhiges, ursprüngliches Dorf ist Lachaniá im Süden der Insel bis heute geblieben – obwohl sich hier in den letzten Jahren zahlreiche Ausländer niedergelassen haben (→ S. 62).

Mitte: Souvláki, Wein- und Pfauenkonzert – im Waldlokal Eptá Pigés sitzt man selbst an heißesten Tagen angenehm kühl.

Unten: Faszinierende Fresken schmücken die Kirche Ágios Nikólaos Fountoúkli. Sie wurde von einem hohen byzantinischen Beamten anlässlich des Todes seiner drei Kinder gestiftet.

Filérimos ■ DE 5, S. 117

Auf dem 267 m hohen Plateau dieses Berges, der sich aus der Küstenebene von Triánda erhebt, stand in der Antike die Akropolis von **Iálissos**, einem der drei Stadtstaaten der Insel. Als auf dessen Gebiet im Jahre 408 v. Chr. die neue gemeinsame Inselhauptstadt Rhodos gegründet wurde, zogen die meisten Bewohner von Iálissos dorthin um; ihre alte Stadt verlor im Gegensatz zu Líndos und Kámiros ihre Bedeutung.

Filérimos nennt man den Berg erst seit dem Mittelalter: Damals ließ sich hier oben ein Einsiedler nieder, ein »Freund der Einsamkeit« (so die Übersetzung des griechischen Namens des Berges). Die Byzantiner errichteten auf dem Filérimos eine kleine Festung, die Ritter eine Kirche. 1522 schlug Sultan Süleiman während der Belagerung der Stadt Rhodos hier oben sein Hauptquartier auf, während der italienischen Besatzungszeit lebten auf dem Berg römisch-katholische Mönche.

Heute ist der Filérimos ein beliebtes Ausflugsziel – nicht nur seiner antiken und mittelalterlichen Bauten und Ruinen wegen, sondern auch wegen des prächtigen Ausblicks, der Stille und des Kräuter- und Pinienduftes, der einen schon auf dem Weg dorthin begleitet.

Vom Parkplatz aus geht man am besten zunächst einmal ins umzäunte Ausgrabungsgelände. Vor der völlig intakt anmutenden Kirche und den Klostergebäuden der Ritterzeit, die von den Italienern rekonstruiert wurden, liegen die Grundmauern und Säulenstümpfe eines Athena-Tempels aus der Zeit um 200 v. Chr. Aus seinen Steinquadern erbauten Christen im 5. oder 6. Jh. eine große Basilika, deren besterhaltener Teil ein kreuzförmiges Taufbecken ist.

Die Kirche der Kreuzritter mit dem großen Johanniterkreuz an der Fassade, die – ebenso wie das Kloster – von den Italienern rekonstruiert wurde, entstand ursprünglich als Anhäufung von Kapellen zwischen 1480 und 1505. Sie wird auch von Ausländern als Hochzeitskapelle genutzt. Die Klostergebäude mit ihren Höfen, Arkaden und Kreuzgängen sind ein besonders romantischer Ort, an dem man lange inmitten von Blumen verweilen mag. Bevor man dieses Gelände wieder verlässt, kann man noch einen Blick in die Höhlenkirche der hl. Georg werfen, die unterhalb des Athena-Tempels liegt.

Vom Parkplatz aus führt ein Weg zu einem Brunnenhaus aus dem 4. Jh. v. Chr. Auch Gräber aus dem 8. bis 5. Jh. n. Chr. wurden hier gefunden. Ein anderer von den Italienern angelegter Weg führt an 14 Kreuzwegstationen vorbei zu einer Aussichtsplattform. Bevor man den Filérimos wieder verlässt, hat man am Kiosk auf dem Parkplatz noch die Möglichkeit, eine Spezialität des Filérimos-Klosters zu kaufen: den Kräuterlikör »Sette Erbe«.

Der Aussichtspunkt ist ständig frei zugänglich. Ausgrabungsgelände und Kloster sind offiziell nur Dienstag bis Sonntag 8.30–15 Uhr geöffnet. Der Kioskbesitzer hält beide aber inoffiziell auch montags und abends bis 18 Uhr offen – die Wärter sind offenbar seine Freunde.

Foúrni ■ D 9, S. 119

An der Burg von Monólithos vorbei führt eine 7 km lange, gute Asphaltstraße durch schöne Waldlandschaft an einem ersten schönen, völlig unverbauten Sandstrand vorbei zum Kap Foúrni, wo es einen ebenfalls guten Kieselsteinstrand gibt. Kurz bevor die Straße endet, ist an einem Felsblock rechts der Straße ein antikes Schiffsrelief zu erkennen. Auf der Halbinsel des Kaps sind antike Stufen und Gräber zu entdecken.

Gennádi ■ B 15, S. 120

Das große Dorf knapp 1 km abseits
eines langen Sand-Kiesstrandes wird
zwar noch nicht von Großhotels geprägt, ist aber dennoch sehr touristisch: Hier wohnt man vor allem in
kleinen Apartmenthäusern und Pri-
vathotels. Das Ortsbild hat durch
zahlreiche einfallslose Neubauten in
den letzten Jahren stark gelitten.

Glifáda ■ D 4, S. 115

In der kleinen Küstenebene 7 km
unterhalb der asphaltierten Westküstenstraße zwischen Kámiros
Skála und Siána stehen zwei Fischtavernen, die so gut wie nie von Touristen besucht werden, weil sie abseits
aller gängigen Routen liegen. Die
kleine Ebene wird landwirtschaftlich
genutzt; der Ufersaum ist zum Baden
aber nahezu ungeeignet.

Iálissos ■ E 5-6, S. 117

→ Filérimos, S. 58

Kalavárda ■ B 6, S. 116

Der Ort zwischen Soróni und Kámiros
ist ein belangloses Straßendorf. Wegen seines kleinen, guten Strandes
und einer Fischtaverne lohnt es aber
einen Zwischenstopp.

Essen und Trinken

Kalavarda Sea House
Die neue Fischtaverne am kurzen,
von kleinen Tamarisken beschatteten
Sandstrand gilt unter Einheimischen
als Insider-Tipp. Fisch, Schalentiere
und Meeresfrüchte sind immer frisch
und für griechische Verhältnisse
ausgesprochen preiswert. Außerdem
gibt es eine große Auswahl an Ne-
bengerichten wie Salaten und gebra-
tenen Auberginen. Lammkoteletts
werden nach Gewicht bestellt und
verkauft.
Am nördlichen Ortsrand, Hinweisschild
an der Straße von Soróni nach Kámiros;
Tel. 04 01 20; tgl. ab 12 Uhr ★★ (keine
Kreditkarten)

Kallithéa ■ F 6, S. 117

Zwischen Rhodos und Faliráki legten
die Italiener in den zwanziger Jahren
direkt am Meer ein Thermalbad an,
dessen Architektur von den Märchen
aus Tausendundeiner Nacht inspi-
riert zu sein scheint. Palmen, Kuppeln
und bunte Glasfenster geben ihr ein
orientalisches Gepräge. Die Vielzahl
der Toiletten unter den Arkaden des
Brunnenhauses dokumentiert unver-
blümt die Wirkung des schwefelhaltigen Thermalwassers, das schon die
alten Römer tranken. Zur Zeit wird
die Thermalbadeanlage mit EU-Gel-

dern aufwendig restauriert; eines fernen Tages soll sie sogar ihren Badebetrieb wieder aufnehmen. Zur Zeit lohnt der Besuch nur für den, der ein möglichst vollständiges Bild von Rhodos erlangen will.

Thermae Kallitheae; frei zugänglich (z. Zt. wechselnde Sperrungen wegen Bautätigkeit): Busse ab Rhodos-Stadt

Kámiros ■ B 6, S. 116

Friedlicher und stimmungsvoller als die Ausgrabungen von Kámiros ist keine andere archäologische Stätte auf Rhodos. Die Akropolis von Líndos mag imposanter sein, die von Rhodos durch die italienischen Rekonstruktionen für den Laien aufschlussreicher – Kámiros aber ist lieblicher. Die dunklen Steine antiker Häuser, Tempel und Zisternen liegen an einem sanften Hang, eingebettet zwischen das Grün von Kiefern, Ölbäumen und Pinien; der Blick von hier oben über das Grau der Steine und das Grün der Landschaft auf das blaue Meer ist unvergesslich.

Kámiros war die kleinste der drei alten Städte der Insel. Im Jahre 226 v. Chr. wurde sie von einem Erdbeben nahezu vollständig zerstört. Wenig später erbaute man sie neu; was heute zu sehen ist, stammt fast alles aus der Epoche des Hellenismus. Wahrscheinlich wurde diese zweite Stadt bei einem Erdbeben im Jahre 142 n. Chr. erneut dem Erdboden gleichgemacht und daraufhin für immer verlassen. Italienische Archäologen haben zwar einen Teil der Stadt in den dreißiger Jahren freigelegt, weite Bezirke, darunter auch der antike Hafen, liegen aber immer noch unter Wäldern und Feldern begraben. Der weite Platz am unteren Rand der Ausgrabungen wird als Tempelterrasse bezeichnet. Hier waren zahlreiche Statuen für Götter und geehrte Persönlichkeiten aufgestellt, von denen noch die Sockel erhalten sind. In

der Südostecke dieses Platzes sieht man links der breiten Treppe zwei Terrassen, auf denen auf zahlreichen Altären verschiedenen Gottheiten Opfer dargebracht wurden; rechts der Treppe stehen Pfeiler und Säulen eines Brunnenhauses.

Davor lag ein großer Platz mit einem weiteren Altar, gekennzeichnet durch eine Reihe senkrecht stehender Steine, die von einem Rechteck aus liegenden Steinen eingefasst war; rechts daneben stand ein kleiner Tempel für Apoll. Über die breite Treppe gelangt man auf die Hauptstraße der antiken Stadt, die hinaufführt zur ehemaligen Akropolis. Zwischendurch ist immer wieder das antike Kanalisationssystem im Boden zu erkennen.

Der Bereich der etwa 120 m über dem Meeresspiegel gelegenen **Akropolis** wurde durch eine 200 m lange, zur Stadt hin offene Säulenhalle mit einer Doppelreihe von 152 dorischen Säulen abgeschlossen. An ihrer Rückseite lag eine Vielzahl kleiner, etwa 25 qm großer Räume, die möglicherweise als Pilgerherbergen oder Läden gedient haben.

Unter der Säulenhalle lagen 16 kleine Zisternen, für die das Wasser auf dem Dach des Baus eingefangen wurde. Eine große, offene **Zisterne** von über 20 m Länge und 11 m Breite vor der Säulenhalle stammt noch aus dem 6. Jh. v. Chr. Sie fasste 600 Kubikmeter Wasser. Durch zwei Abflüsse wurden damit die öffentlichen Wasserleitungen der Stadt bedient. Zwei Treppen führen in die Zisterne hinein. Sie wurden wahrscheinlich für Reinigungs- und Reparaturarbeiten gebraucht.

Von den Tempeln auf der Akropolis blieb so gut wie nichts erhalten. Hirten weiden heute ihr Vieh, wo vor über 2000 Jahren die Götter gepriesen wurden.

Di–So 8.30–15 Uhr (Juni–Aug. Di–Fr 8.30–20, Sa/So 8.30–15 Uhr)

Essen und Trinken

New Kamiros
Nur knapp 100 m vom Strand entfernt zwischen Meer und Küstenstraße gelegene Taverne. Ganzjährig geöffnet, der Fisch ist immer fangfrisch.
Tel. 04 00 01; tgl. ab 10 Uhr ★★ (keine Kreditkarten)

Kámiros Skála ▪ E 3, S. 115

Der kleine Hafen im Schutz eines felsigen Kaps ist der Versorgungshafen für die kleine Nachbarinsel Chálki. Kaikis, kleine traditionelle Fracht- und Fischerboote, kommen täglich herüber, um Fisch anzulanden. Auch Passagiere werden von hier aus nach Chálki befördert (tgl. um ca. 14.30 Uhr). Der schmale Kiesstrand ist wenig einladend.

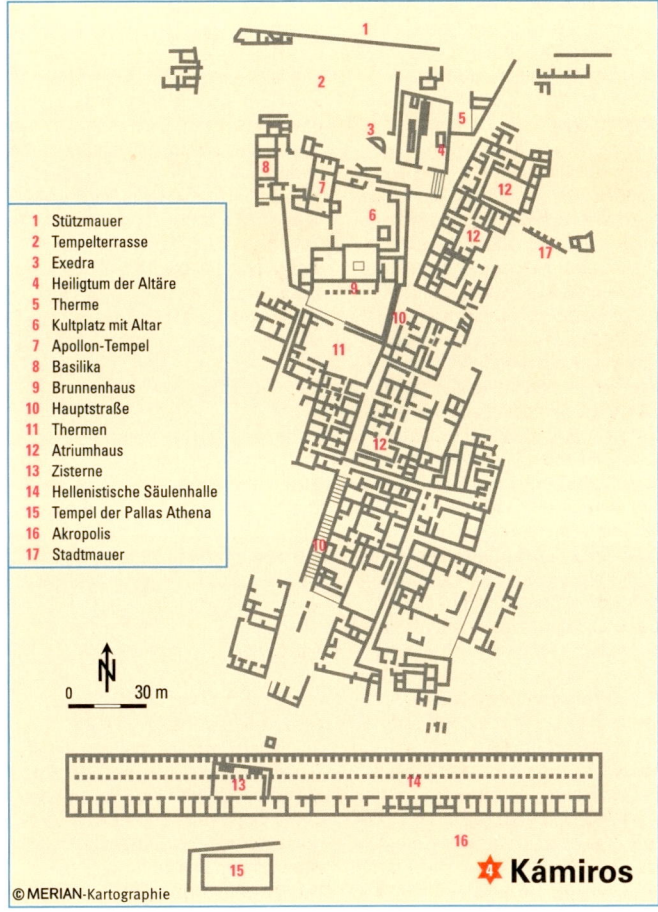

1 Stützmauer
2 Tempelterrasse
3 Exedra
4 Heiligtum der Altäre
5 Therme
6 Kultplatz mit Altar
7 Apollon-Tempel
8 Basilika
9 Brunnenhaus
10 Hauptstraße
11 Thermen
12 Atriumhaus
13 Zisterne
14 Hellenistische Säulenhalle
15 Tempel der Pallas Athena
16 Akropolis
17 Stadtmauer

0 — 30 m

✪ **Kámiros**

© MERIAN-Kartographie

Ein gern besuchter Platz sind die Fischtavernen am Hafen, von denen eine auch Fremdenzimmer vermietet. Nur etwa 100 m von den Tavernen entfernt erkennt man an der Felswand den Reliefschmuck eines hellenistischen Grabes.

In etwa 25 Minuten kann man zu Fuß auf einer Asphaltstraße zur »Kástro« genannten Johanniterburg hinaufwandern, die südwestlich des Hafens unmittelbar über dem Meer liegt. Sie wurde 1309 erbaut und ist von allen Burgen der Insel am besten erhalten. Sie hielt sogar der großen türkischen Belagerung im Jahr 1522 stand und wurde nie erobert.

Kattavía
■ D 11, S. 119

Das südlichste Dorf der Insel liegt am Rande eines allseits von Hügeln umschlossenen Tals, das vom Frühsommer an geradezu steppenartig wirkt. Hier hatten die Italiener vor dem Zweiten Weltkrieg einen Militärflughafen und ein inzwischen völlig heruntergekommenes und leer stehendes Kloster angelegt. Die Spuren des Flughafens sind im Gelände noch auszumachen. Seit Ende des Krieges hat sich Kattavía ständig entvölkert; erst seit Ende der achtziger Jahre haucht der Tourismus dem Dorf wieder etwas mehr Leben ein. Eine Pension und ein Hotel entstanden, am kleinen Dorfplatz stehen die Lokale mit viel zu viel Plätzen aber fast immer leer. Kattavía ist der Ausgangspunkt für eine Fahrt nach Prassoníssi (→ S. 66).

Hotels/andere Unterkünfte

Prassoníssi Club M
Modernes Haus mit zweckmäßig eingerichteten, recht großen Zimmern.
An der Platía; Tel. 09 12 31; 17 Zimmer ★★ (keine Kreditkarten)

Kolímbia
■ E 7, S. 117

Das jüngste Zentrum des Massentourismus auf der Insel besitzt lange Kiesstrände, moderne Hotels und mehrere Restaurants, die ganz auf deutsche Gäste eingestellt sind. Eine landschaftlich schöne Felsküste findet man beim Hotel »Relax«; hält man sich an der Straßengabelung vor diesem Hotel links, kommt man zur empfehlenswerten Fischtaverne »To Nisáki« direkt am Meer.

Lachaniá
■ A 15, S. 120

Der kleine Ort abseits der Küste hatte sich Anfang der achtziger Jahre weitgehend entvölkert. Dann entdeckten ihn zunächst junge Deutsche, die die leer stehenden Häuser pachteten und renovierten. Jetzt kann man hier in den beiden Tavernen des Bürgermeisters und des Dorfpriesters direkt an der Hauptstraße Hotelzimmer, Apartments und alte Dorfhäuser mieten; der nächste Strand ist 2 km entfernt.

Essen und Trinken

Plátanos M M
Erstklassige griechische Hausmannskost und Wein vom Fass. Im unteren Dorfteil an einem Platz mit Riesenplatane.
Platía Iróon Politechníou (an der Dorfkirche).; Tel. 04 60 27; tgl. ab 12 Uhr ★ (keine Kreditkarten)

Láerma
■ B 13, S. 120

Das Bergdorf liegt im Zentrum der Insel, mindestens 11 km entfernt von jeder anderen Siedlung. Die Umgebung ist waldreich, hat aber auch Platz für kleine Weingärten, Olivenhaine und Getreidefelder. Die Dorfkafenía sind noch sehr ursprünglich, übernachten kann man in einigen wenigen Privatzimmern.

Lárdos ■ C 14, S. 120

Das Dorf im Grünen ist im Sommer ein recht betriebsamer, aber dennoch nicht überlaufener Ferienort für Individualisten. Der Dorfplatz mit seinen vielen Lokalen wirkt so südländisch, wie man sich das erhofft. Um zum Strand oder ins nahe gelegene Líndos zu kommen, mietet man sich am besten im Ort ein Moped oder Auto.

Hotels/andere Unterkünfte

Wohnen kann man in kleinen Apartmenthäusern oder Pensionen und im einzigen Hotel des Ortes.

Fedra
Einfache, aber saubere Zimmer.
Tel. 04 42 18, Fax 04 41 74; 11 Zimmer ★
(keine Kreditkarten)

Sehenswertes

Kloster Ipsenís ■ C 13-14, S. 120
Von Lárdos führt eine asphaltierte Straße 4 km weit zunächst durch einen Olivenhain, dann durch Kiefernwälder zum Kloster. Das Kloster wird seit 1992 wieder von einer Handvoll Nonnen und drei Novizinnen bewohnt. Seine Kirche stammt aus dem Jahre 1855, die übrigen Gebäude zum größten Teil aus diesem Jahrhundert. Elektrischer Strom wurde erst 1991 in das Kloster verlegt. Ipsenís ist ein Beispiel für die gelungene Wiederbelebung des monastischen Gedankens durch den derzeitigen Bischof von Rhodos.
Tgl. 8–12.30 und 16–18.30 Uhr

Strände

Die etwa 2 bis 3 km entfernten Strände von Lárdos bestehen aus Kies und Sand, an allen Strandabschnitten stehen Tavernen und Hotels.

Mesanagrós ■ E 11, S. 119

Das weiße Dorf in den Bergen hat nur noch 70 Einwohner, obwohl in seinen Häusern Platz für über 300 wäre. Doch die Jugend wandert in die Stadt und die Badeorte an der Küste ab. So trifft man auch im Kafeníon »O Mike« nur alte Leute, die sich – ebenso wie die rege Wirtin, die auch ein einfaches Essen serviert – noch über Fremde freuen.

Sehenswertes

Kapelle des heiligen Thomas
Unterhalb des Dorfes liegt nahe der Straße, die nach Lachaniá führt, die unscheinbare Kapelle, die mit nur noch schwer erkennbaren Fresken aus dem 16. Jh. ausgemalt ist. Das Feldstein-Mauerwerk ist undatierbar; den Altar bilden eine frühchristliche marmorne Altarschranke und ein antikes Kapitell. Die stets geöffnete Kirche ist am Wochenende nach Ostern Schauplatz eines großen Festes. Dafür sind auch die zahlreichen Tische und Bänke, die Grillplätze und der Schlachtblock, der Brunnen und der Kiosk bestimmt, die unter den Zypressen stehen. Auf dem runden Tanzplatz vor der Kirche hat man dann sogar die Chance, griechische Tänze zu sehen, die nicht für Urlauber aufgeführt, sondern allein aus Freude am Fest und am Tanz vorgetragen werden.

Mariä Entschlafung
Die Kirche im Dorfzentrum wurde über den Ruinen einer frühchristlichen Basilika aus dem 5. Jh. erbaut. Gottesdienste finden hier nur noch am 15. und 23. August statt. Als Türsturz dient eine Säule aus der alten Basilika, auf dem Kieselfußboden steht noch ein frühchristliches Taufbecken.

Den Schlüssel verwaltet die Wirtin im Kafeníon »O Mike« nebenan.

Monólithos ■ D 9, S. 119

Obwohl Monólithos nicht weit vom Meer entfernt liegt, ist es dem Meeresblick entzogen: So baute man die Dörfer gern im Mittelalter, um Piraten keinen Anreiz zu liefern, das Dorf zu plündern.

Von Monólithos aus kann man knapp 3 km weiterfahren in Richtung Meer und kommt dann an das gleichnamige Kastell, das die Johanniter hier im Jahre 1476 errichteten. Es liegt romantisch auf einer Felskuppe und bietet einen weiten Blick. Die schmucklose, aber immer noch gleichmäßig weiß gekalkte Burgkapelle des hl. Panteleímonos steht ständig offen. Man erkennt noch Zisternen und die Mauern mehrerer Wohngemächer und die Außenmauern. Im Dorf Monólithos gibt es Tavernen und Privatzimmer.

Péfki ■ D 14, S. 121

Péfki war noch Anfang der achtziger Jahre eine locker bebaute Sommerhaussiedlung, die sich inzwischen aber zu einem modernen Ferienort entwickelt hat. Noch immer gibt es keinen eigentlichen Ortskern. Die Sandstrände an mehreren kleinen Buchten sind gut.

Hotels/andere Unterkünfte

Ilyssion
Dreigeschossiges Hotel mit Pool fast unmittelbar am Strand.
Am westlichen Ortsrand an der Straße nach Lárdos; Tel. 04 81 50, Fax 4 81 48; 65 Zimmer ★ ★ ★ (keine Kreditkarten)

Thalia M
Modernes Hotel mit Pool, sehr ruhig etwa 10 Gehminuten vom Strand entfernt gelegen.
Am östlichen Ortsrand; Tel. 04 44 58, Fax 04 81 08; 59 Zimmer ★ ★ EURO VISA

Petaloúdes (Schmetterlingstal) ■ D 6, S. 117

Schon der bekannte israelische Satiriker Ephraim Kishon hatte Schwierigkeiten zu glauben, dass es im Schmetterlingstal von Rhodos – griechisch **Petaloúdes** – wirklich Schmetterlinge gibt. Manchem Besucher heutzutage geht es nicht anders. Das kann zum einen daran liegen, dass man zur falschen Jahreszeit kommt: Die Schmetterlinge sind, wenn überhaupt, nur im Juli und August zu sehen. Das liegt zum anderen aber auch daran, dass der im Sommer fast ununterbrochene Besucherstrom die Schmetterlinge aus dem Tal vertreibt. Der Bestand ist darum von Jahr zu Jahr unterschiedlich groß, und man muss schon etwas Glück haben, um diese Schmetterlinge direkt am Wegesrand zu entdecken. Aber auch ohne die Namensgeber mit ihren leuchtend roten Flügelunterseiten ist ein Gang durch das über 1 km lange, üppig grüne und ganzjährig wasserführende Bachtal ein schönes Naturerlebnis. Der Grund, warum die Schmetterlinge von der Art Panaxia quadripunctaria, auf Deutsch auch »Spanische Flagge« genannt, zumindest früher gerade dieses Tal schätzten, ist eine spezifische Baumart. Nur hier wächst nämlich der in Kleinasien beheimatete orientalische Amberbaum, der ein Harz absondert, dessen Duft die Schmetterlinge anzieht.

Zum Schmetterlingstal gibt es drei Eingänge. Am unteren betreiben Theófilos, seine Frau Eléni und ihr Sohn Dímitri eine sehr einfache, auf Spaghetti spezialisierte Taverne. Im Juni und Juli kommen hier die Schmetterlinge sogar in die Küche und den Gastraum. Dem Lokal gegenüber zeigt ein kleines, in einer ehemaligen Wassermühle untergebrachtes Museum Schmetterlinge aus aller Welt.

Oben: Eines der schönsten Berg-dörfer der Insel – und doch ist an Mesanagrós, einem stillen Ort mit hübschen weiß gekalkten Häusern, der Tourismus noch fast spurlos vorübergegangen.

Mitte: Die Ruine des Kastells Monóli-thos, vor einem halben Jahrtausend von den Johannitern errichtet, thront auf einem Felssporn hoch über der Küstenebene.

Unten: In der ehemaligen Klosterkirche von Skiádi findet man die bedeutends-te Ikone der Insel, Panagía Skiadiní, ein wundertätiges Marienbild (→ S. 67).

Prassoníssi   ■ D 12, S. 119

Der Südspitze von Rhodos ist eine kleine Insel mit einem Leuchtturm vorgelagert, die man Prassoníssi (= die grüne Insel) nennt, obwohl sie diesen Namen durch nichts rechtfertigt. Sie ist durch einen schmalen Sandstreifen, der fast immer überspült ist, mit der Hauptinsel verbunden.

Am kleinen Fischereischutzhafen östlich des Strandes von Prassoníssi hat ein dänischer Archäologe bereits 1908 die Grundmauern der Stadt Vroulía aus der Zeit um 700 v. Chr. freigelegt. Sie war von einer 300 m langen Mauer umgeben und hatte wahrscheinlich vor allem militärische Funktionen zu erfüllen. Die Überreste sind in dem eingezäunten Gelände nur schwer auszumachen; der Weg lohnt daher nur für archäologisch besonders Interessierte.

Strände

Dieser Sandstreifen weitet sich an der Südspitze von Rhodos zu einer pfeilspitzenförmigen Sandfläche, die einen mehrere 100 m breiten und über 1 km langen Strand sowohl an der Ost- als auch an der Westküste bildet. Für Windsurfer ist das Revier ideal. Erst 1987 wurde hier die erste Taverne erbaut, jetzt kann man hier auch Zimmer mieten. Zwei Windsurfing-Stationen verleihen Boards und Riggs und bieten Kurse an. Noch immer aber ist der Strand so weitläufig, dass man problemlos eine Ecke zum Nacktbaden finden kann. Wer will, kann hier auch in niedrigen Dünen wie an der Nordsee liegen. Ein weltweites Umweltproblem aber wird hier überdeutlich: Das Meer spült an dieser exponierten Stelle viel Teer und Abfälle aller Art auf den Sand. Erreichbar ist der Strand von Prassoníssi über eine etwa 7 km lange Straße von Kattavía aus.

Profítis Ilías   ■ B 7, S. 116

Der mit 798 m zweithöchste Berg der Insel wird von einer militärischen Antennenanlage bekrönt. Nur wenig tiefer steht in 710 m Höhe an der Asphaltstraße, die von Sálakos und Émbonas hinaufführt, in einem dichten Pinienwald das alpin anmutende, von den Italienern erbaute ehemalige Hotel »Elafós-Elafína«.

Man glaubt hier, in einer anderen Gegend Europas zu sein. Ganz griechisch ist dann aber wieder die gleich neben dem Hotel gelegene Kirche des Propheten Ilías. Naturfreunde finden auf Spaziergängen in diesem Gebiet wilde Alpenveilchen und Erdbeerbäume, seltene Orchideenarten, mehrere Ragwurzarten, Sandiris, Anemonen und weiße Pfingstrosen.

Psínthos   ■ D 7, S. 117

Das schöne Dorf in einem grünen Tal im Inselinnern ist so untouristisch und ursprünglich wie die Binnendörfer im Süden der Insel, bietet aber den Vorteil der größeren Nähe zur Stadt Rhodos. Wohnen kann man in einigen wenigen Privatzimmern, fürs leibliche Wohl sorgen zahlreiche Kafenía und Tavernen am großen Dorfplatz.

Historisch ist Psínthos als Zentrum des Tals bedeutend, in dem 1912 die entscheidende Schlacht zwischen Italienern und Türken stattfand. Damals wurden die Türken endgültig von der Insel vertrieben, und die Italiener übernahmen die Herrschaft.

Siána   ■ D 9, S. 119

Die moderne Hauptkirche des Bergdorfes, das für seinen guten Schafsmilchjoghurt bekannt ist, wurde Mitte der siebziger Jahre mit Wandmalereien im byzantinischen Stil geschmückt. Sie zeigen neutestamentarische Szenen und Ereignisse aus dem Leben des hl. Panteleímonos, dem die Kirche auch geweiht ist. Besonders urig geht es im »Mini-Market« oberhalb des Kirchplatzes zu. Die Gemischtwarenhandlung ist zugleich das Kaffeehaus des Dorfes. Weiter oberhalb an der Hauptstraße betreibt Astrid Satzinger-Vitzthum das schöne Kafenío »To Palikári«. Dort kann man nicht nur gut Kleinigkeiten essen, sondern sich auch Wandertipps holen.

Skiádi

■ E 10-11, S. 119

Von Mesanagrós aus fährt man ungefähr 4 km auf einem teilweise sehr schlechten Feldweg zu dem ehemaligen Kloster, das auf einem kleinen Plateau hoch über der Westküste der Insel liegt. Seine Kirche birgt die bedeutendste Ikone von Rhodos, die **Ikone der Panagía Skiadiní**.

Die Klostergründung geht der Legende nach auf die wundersame Entdeckung dieser Ikone durch drei Eremiten zurück, die hier oben in den Bergen lebten. Sie sahen mehrere Nächte hintereinander am Meeresufer ein ihnen unerklärliches Licht, so dass sie eines Abends dorthin aufbrachen. Sie fanden die Ikone und ein Öllämpchen, die sie mit sich in ihre Einsiedelei nahmen. Doch am nächsten Morgen war die Ikone der Gottesmutter mit dem Kind eigenartigerweise verschwunden. Sie entdeckten sie nach langem Suchen in den Trümmern eines heidnischen Tempels.

So wurde ihnen klar, dass es sich bei der Ikone um eines der 70 Marienbildnisse handeln musste, die der Evangelist Lukas als Porträt der Mutter und des Kindes gemalt hatte, und sie erbauten ihr aus den antiken Überresten eine erste kleine Kapelle. Auf Geschichten wie diese werden im gesamten ehemals byzantinischen Raum mittelalterliche Klostergründungen zurückgeführt.

Es hat im Byzantinischen Reich einen fast 120-jährigen Bürgerkrieg um die Frage gegeben, ob Ikonen und christliche Wandmalereien zulässig seien oder nicht: den so genannten Ikonoklasmus von 726 bis 843. In jenen Jahren versteckten die »Bilderfreunde« ihre Ikonen vor der Zerstörungswut der »Bilderfeinde« – und so konnten noch 300 und 400 Jahre später zufällig uralte Ikonen aufgefunden werden. Ihres Alters wegen schrieb man sie gern dem Arzt und Evangelisten Lukas zu. Die Legende, dass Lukas Porträts der Gottesmutter und des Jesuskindes gemalt habe, war schon in der Zeit des Bilderstreits verbreitet worden – als Beweis dafür, dass Jesus selbst ein »Bilderfreund« gewesen sei. Mit Sicherheit zogen die frommen Eremiten damals schon aus ihrer Einsiedelei in die unmittelbare Nähe der Kapelle um. Spätestens im 13. Jh. hat sich daraus ein Kloster entwickelt. Damals baute man auch die kleine Kreuzkuppelkirche, die heute den Altarraum und Abschluss der modernen Kirche bildet.

Im Jahre 1861 stiftete ein wohlhabender Mönch aus Kattaviá diese heutige Kirche. Die Ikone der Panagía Skiadiní nimmt an der Ikonostase, die den Kirchen- vom Altarraum trennt, einen gut erkennbaren Ehrenplatz ein. Seit 1886 ist sie zudem fast vollständig von einem kostbaren getriebenen und größtenteils vergoldeten Silberblech bedeckt, das nur noch Gesicht und Hals der beiden Figuren frei lässt, aber andeutet, was darunter gemalt ist. Mit einem solchen »Oklad« genannten Schmuck sind überall im ostkirchlichen Raum besonders verehrte Ikonen von frommen Stiftern bedacht worden.

Die Ikone der Panagía Skiadiní ist wundertätig. Deswegen kommen auch jetzt noch immer wieder Pilger herauf, um vor ihr zu beten. Und deswegen tritt sie auch noch immer alljährlich zur Osterzeit eine Reise an. Die Route ist genau festgelegt. In der ersten Karwoche wird die Ikone mit feierlichem Geleit zur Insel Chálki hinübergebracht. Am Lazarussamstag, dem Samstag vor Palmsonntag, kehrt sie dann kurz nach Skiádi zurück. Gläubige aus Monólithos holen sie dann für eine Nacht in ihr Dorf. Am Palmsonntag wird sie von den Bewohnern aus Siána abgeholt, und so kommt sie in der folgenden Woche für jeweils einen Tag auch noch nach Kritinía, Émbonas, Ágios Isídoros, Árnitha und Apolakkiá. Am Ostersamstag kehrt sie für kurze Zeit nach Skiádi zurück, von wo sie dann noch am gleichen Tag bis zum Osterdienstag nach Kattavía gebracht wird. Nach ihrer Rückkehr nach Skiádi gelangt die Ikone schließlich nach Vátion, Asklípion, Gennádi und Lachaniá, bevor sie von Samstag bis Montag nach Ostern Mittelpunkt eines Festes an der Kapelle des heiligen Thomas unterhalb von Mesanagrós wird. Sie übernachtet dreimal in diesem Dorf, bevor sie dann bis zum Beginn der nächsten Fastenzeit wieder nach Skiádi zurückkehrt.

Der Ursprung dieser selbst in Griechenland einzigartigen Reise einer Ikone ist unbekannt. Die Überlieferung und der Beiname der Ikone »Skiadiní«, der übersetzt »die Schatten Spendende« bedeutet, lässt aber darauf schließen, dass sie in früheren Zeiten auch als Regenspenderin betrachtet wurde, deren Segnungen möglichst viele Dörfer teilhaftig werden wollten.

Die Gebäude rings um den Klosterhof stammen aus dem 18. und 19. Jh. Seit Mitte der 90er Jahre wird das Kloster wieder von Mönchen bewohnt, die großen Wert auf korrekte Kleidung der Besucher legen. Griechische Pilger können im Kloster übernachten.

Das Kloster Skiádi ist auch über eine gut ausgebaute Straße von der Westküste aus erreichbar.

Thári ■ B 13, S. 120

Das Kloster des Erzengels Michael von Thári liegt inmitten dichter Wälder in der Nähe des Dorfes Láerma. Nachdem es lange Zeit leer stand, wohnen hier seit 1991 wieder 16 Mönche, die überdurchschnittlich jung und gebildet sind.

Die Kirche ist in ihrer heutigen Gestalt um 1600 erbaut worden; Kuppel- und Altarraum entstanden schon 200 Jahre früher. Die Wandmalereien werden zum kleineren Teil ins Jahr 1506, zum größeren Teil ins Jahr 1620 datiert. Aus der Kuppel blickt Christus als Weltenherrscher herab, umgeben von 16 Propheten. In den Zwickeln der Kuppel sind wie üblich die vier Evangelisten Markus, Johannes, Lukas und Matthäus zu sehen. In der Apsis erkennt man neben dem thronenden Christus Maria und Johannes den Täufer sowie die Propheten Ezechiel und Jesaja. Darüber hat das Mandílion seinen Platz, ein Tuch mit dem Gesichtsabdruck Christi. Ebenso wie die vom Evangelisten Lukas gemalten Ikonen, von denen eine in der Klosterkirche Skiádi hängt, ist auch dieses Tuch ein Argument der »Bilderfreunde« gegen die »Bilderfeinde« aus der Zeit des Bilderstreits (→ Skiádi, S. 67). König Abgar von Edessa (dem heutigen Urfa in der Türkei) hatte einen Boten zu Jesus entsandt, damit dieser ein Bild des Gottessohns male. Jesus hatte dem Boten ein Tuch mit dem Abdruck seines Antlitzes mitgegeben, das noch im Jahre 1204 in Konstantinopel verehrt wurde. Es diente den Bilderfreunden als Beweis der Bilderfreundlichkeit Christi.

Ebenfalls in der Apsis zu sehen ist die Apostelkommunion, also die Eucharistie, die Christus mit seinen Jüngern im Himmel feiert. Sie soll an dieser Stelle, wo auf dem Altar Brot und Wein in Leib und Blut Christi verwandelt werden, an die Gemeinschaft

*Oben: Nicht nur Tempelruinen, son-
dern eine ganze Wohnstadt konnten
die Archäologen in Kámiros freilegen
(→ S. 60).*

*Mitte: Ein Spaziergang durch das
Schmetterlingstal Petaloúdes ist
Naturerlebnis pur. Allerdings kann
man – wenn überhaupt – nur in
den Monaten Juli und August die
Schmetterlinge entdecken (→ S. 64).*

*Unten: Die nach-byzantinischen
Wandmalereien im Kloster Thári – es
versteckt sich in einem Waldgebiet
beim Dorf Laérma – lohnen einen ge-
naueren Blick.*

aller Gläubigen über alle örtlichen Grenzen hinweg, auch über die zwischen Himmel und Erde, erinnern. In der untersten Bilderreihe in der Apsis sind acht Kirchenväter zu sehen, erkennbar an schwarzen Kreuzen auf ihren Stolen: Sie versinnbildlichen die Gemeinschaft aller Gläubigen über jede zeitliche Grenze hinweg.

Im Gewölbe des Kirchenschiffs haben zehn neutestamentarische Szenen Platz gefunden. Links sieht man die Enthauptung Johannes des Täufers, die Darbringung Jesu im Tempel, die Erscheinung des Auferstandenen vor Maria Magdalena, die Stillung des Sturms durch Christus und die Erscheinung des Auferstandenen vor zwei Frauen; rechts die Heilung des Gelähmten, Christus und die Samariterin am Brunnen, Christi Verklärung, die drei Marien am leeren Grabe und die Kreuzigung. Weitere Darstellungen aus dem Alten und Neuen Testament ergänzen das Bildprogramm.

Tsambíka $\quad$ ■ E 8, S. 117

Tsambíkos und Tsambíka heißen auf Rhodos besonders viele Männer bzw. Frauen. Der Grund dafür ist eine wundertätige Ikone. Die Legende erzählt, dass vor vielen Jahrhunderten ein älteres, zu ihrem tiefen Bedauern kinderlos gebliebenes Ehepaar an der Ostküste von Rhodos ein Marienbildnis fand. Die beiden trugen es demütig hinauf auf den Berg Tsambíka. Neun Monate später gebar die Frau wider alle Erwartungen ein Kind. Das Wunder sprach sich herum, und seit jener im mittelalterlichen Dunkel liegenden Zeit pilgern Frauen und Ehepaare zur Ikone der Gottesmutter von Tsambíka, um Fruchtbarkeit zu erflehen. Hat die Wallfahrt Erfolg, wird das Kind Tsambíkos oder Tsambíka genannt. Eine zweite Legende berichtet von den wundersamen Reisen der Ikone. Als man sie am Strand von Tsambíka gefunden hatte, versuchten die ehrlichen Rhodier herauszufinden, wo sie eigentlich hingehört. Boten wurden in alle Teile des Byzantinischen Reichs ausgesandt; einer war schließlich auf Zypern erfolgreich: Dort vermisste man eben jene Ikone im Kýkko-Kloster. Man brachte sie dorthin zurück, aber schon am nächsten Morgen war sie selbstständig wieder nach Tsambíka zurückgekehrt. Man wiederholte den Versuch noch zweimal, bis man endlich einsah: Die Gottesmutter will, dass diese Ikone auf Rhodos verbleibt. So baute man ihr Kirche und Kloster.

Ein Wegweiser an der Hauptstraße von Rhodos nach Líndos führt auf eine schmale Straße, die sich kurvenreich den Tsambíka-Berg hinaufwindet. Die letzten 15 Minuten muss man dann zu Fuß gehen. Die Klosterkirche ist immer geöffnet, die wundertätige Ikone aber nicht mehr dort.

Aus Richtung Rhodos kommend, zweigt von der Hauptstraße kurz darauf eine asphaltierte Stichstraße zum Tsambíka-Strand ab, einem der schönsten der Insel. Da das Gelände hier der Kirche gehört und unter Landschaftsschutz steht, darf am Strand nicht gebaut werden; nur eine Taverne und neun fahrbare »Kantínas« werden als touristische Einrichtung geduldet. Die Hauptstraße steigt gleich nach der Abzweigung bergan und passiert das moderne Kloster Káto Tsambíka mit seiner schönen Kirche, in der die wundertätige Ikone heute aus Sicherheitsgründen verwahrt wird. Auf den Berg wird sie nur noch am 7./8. September getragen.

Prachtvoll:
die Klosterkirche von
Káto Tsambíka.

EXTRA: RHODOS MIT KINDERN

Die Griechen verwöhnen ihre Kinder gern, putzen sie an Sonntagen meist fein und unbequem heraus und nehmen sie auch am späten Abend noch mit zum Essen. Griechische Kinder dürfen lauter sein, als wir es gewohnt sind – und müssen doch aufs Wort gehorchen, wenn sie keine Ohrfeige bekommen wollen. Der Umgang zwischen Erwachsenen

für Kinder gibt es nicht. Auch am Strand und in den meisten Hotels fehlen spezielle Kindereinrichtungen.

Babynahrung und Windeln sind überall erhältlich. Frische Kuhmilch aus einer rhodischen Molkerei wird in vielen Supermärkten in der Stadt und in den Touristenzentren verkauft. Unseren medizinischen Vorstellungen völlig widerstrebend sind oft die Rezepte griechischer Ärzte: Sie verschreiben auch Kindern schon bei leichten Erkältungen oder Entzündungen Antibiotika. Europaweit ist Griechenland mit Abstand der Staat mit dem höchsten Pro-Kopf-Verbrauch an solchen Medikamenten! Wer davon nichts hält, sollte sich seine Arznei für die Kleinen aus der Heimat mitbringen.

Griechische Kinder dürfen laut sein – ihre Eltern gehen unkompliziert mit ihnen um, nehmen aber auch keine besondere Rücksicht auf sie.

und Kindern ist recht unkompliziert, aber auf den Nachwuchs wird andererseits auch keine besondere Rücksicht genommen. So sind Kinderstühle in Tavernen und Kinderbetten in Hotels eine Seltenheit; Speisekarten

So hübsch in der Inseltracht herausgeputzt präsentieren sich nur noch die Frauen von der Nachbarinsel Kárpathos.

Kinder spielen gern am Strand. Der Sand wird jedoch oft so heiß, dass sie nicht barfuß darauf laufen können. Sandalen und Badeschuhe gehören darum unbedingt ins tägliche Kindergepäck, ebenso eine Kopfbedeckung. Passen Sie auf, dass Ihre Kinder vor allem in den ersten Tagen viel Zeit im Schatten verbringen, damit sich die empfindliche Haut langsam an die Sonne gewöhnen kann. Eine Creme mit hohem Lichtschutzfaktor (mindestens 15) sollte selbstverständlich sein.

Den halben Preis zahlen Kinder unter zwölf Jahren in Bussen, Flugzeugen und Schiffen. Kinder, Schüler mit nationalem Schüler- und Studenten mit internationalem Studentenausweis zahlen in staatlichen Museen und Ausgrabungsstätten keinen Eintritt.

🛈 MERIAN-Tipp

Waterpark Im Mai 2001 hat in Faliráki Griechenlands schönstes Spaßbad seine Pforten geöffnet. An einem Hang über dem Hotelviertel des Badeortes ist eine Freizeitlandschaft mit mehreren Pools, einem Wellenbecken, Riesenwasserrutschen, sanfteren Rutschen für die Kleinsten, einem nachgebauten Piratenschiff, einem künstlichem Flusslauf für Schlauchbootfahrten und vielen anderen Attraktionen entstanden. Vom Hotel Esperides Beach aus kann man mit einem Mini-Zug hinauffahren, ab Rhodos und Faliráki gibt es Bootstransfers, ab Rhodos auch stündlich einen kostenlosen Bus. Erwachsene zahlen 15, Kinder (4–12 J.) 9 Euro Eintritt. Tel. 02 41/08 44 00, info@ water-park.gr

Zu einer Reihe von Ausflügen sind Kinder auf Rhodos leicht zu motivieren. Höhepunkt einer Fahrt nach Líndos ist für Kinder sicher der Eselsritt zur Akropolis. In Eptá Pigés ist die Wanderung mit Taschenlampe durch einen kurzen Wassertunnel ein willkommenes Abenteuer. Auf dem auf dem Filérimos unmittelbar über dem Flughafen von Rhodos können die Kinder herrlich Pilot spielen. Auf der Akropolis der Stadt Rhodos, auf dem Monte Smith, hat kein Wärter etwas dagegen, wenn die Kinder im rekonstruierten Stadion einen Wettlauf austragen. Auch die Altstadt von Rhodos muss für Kinder nicht gleichbedeutend sein mit »Museumsmief«. Ein paar Geschichten von den Johanniterrittern – und schon werden die historischen Gemäuer »lebendig« ...

EXTRA: SPORT UND STRÄNDE

Organisierte Wassersportmöglichkeiten finden sich vor allem in und vor den großen Hotels zwischen Rhodos-Stadt und Ixiá an der Westküste sowie zwischen der Inselmetropole und Gennádi an der Ostküste. Mehrere gut ausgerüstete Wassersportzentren erteilen vielsprachig Unterricht. Für weniger Ambitionierte stehen an vielen Stränden auch Kanus und Tretboote sowie allerlei bizarre Wasserfahrzeuge für »Fun-Rides« zur Verfügung – zum Beispiel so genannte Bananas: Von schnellen Motorbooten gezogene Anhänger in Form von Bananen, auf denen bis zu sieben Personen hintereinander Platz finden.

Die Strände auf Rhodos sind alle frei zugänglich. Eine Strandreinigung findet allerdings nur dort statt, wo Hoteliers, Tavernenbesitzer oder Liegestuhlvermieter ein kommerzielles Interesse daran haben. Süßwasserduschen sind an den Stränden abseits der Hotels eine Seltenheit. Eine Art »Baywatch« gibt es nur während der Hochsaison und nur an besonders stark frequentierten Stränden. Quallen treten gelegentlich auf, Seeigel sind an felsigen Stellen häufig.

Ob zu Wasser oder zu Lande, ob Anfänger oder Könner – fast jeder kommt hier auf seine Kosten. Rhodos ist eine der sportlichsten Inseln Griechenlands.

Sonne, Sand und Wasser, so weit das Auge reicht: Rhodos, die größte Insel des Dodekanes, hat nicht umsonst viele treue Stammgäste.

Bergwandern

Auf Rhodos selbst kann man keine Berwandertouren buchen. Die Alpinschule Innsbruck bietet jedoch einwöchige Bergwanderwochen auf Rhodos an, die in allen Reisebüros mit TUI-Vertretung gebucht werden können. Innerhalb einer Woche unternimmt man dabei sechs verschiedene Wanderungen von drei bis fünf Stunden Dauer.

Golf

Der 18-Loch-Platz von Afándou an der Ostküste, Par 72, wurde vom britischen Golfarchitekten Donald Harradine angelegt und ist ganzjährig bespielbar. Umgangssprache ist Englisch; Trainerstunden können gebucht werden. Der Platz ist täglich von 8 bis 20 Uhr geöffnet; telefonische Voranmeldung (Tel. und Fax 002 41/05 12 55) ist erwünscht.

Harley fahren

Mopeds, Vespas und Motorräder kann man auf Rhodos überall mieten. Ein Unternehmen macht Motorradfahrer-Träume wahr und vermietet sieben Typen von Harley Davidson. *Harley Davidson, Odós 28is Oktovríou 80; Tel. und Fax 02 41/07 49 25*

Paragliding

Fallschirmsegeln kann man in Kiotári, Kolímbia und Faliráki.

Radwandern

Eine Station bietet geführte Mountainbike-Touren unterschiedlichen Schwierigkeitsgrades an. Außerdem kann man hier auch bestens gewartete Bikes und Rennräder für Erwachsene und Kinder leihen. Kostenloser Transfer zur Station von allen Hotels im Norden der Insel: **Hellas Bike Travel** 🚹🚺 *Leofóros Irakliodon 3, Ialissós/Triánda; Tel. und Fax 02 41/09 28 72, Mobiltel. 09 44/51 95 56; www.hellasbike.com*

Tauchen

In freigegebene Tauchreviere entführen Sie folgende Schulen: **The Waterhoppers** ■ e 5, Klappe hinten *Rhodos-Altstadt, Odós Perikleoú 29; Tel. und Fax 03 81 46 und*

c/o M/V Kouros ■ d 3, Klappe hinten *Rhodos-Stadt, Mandráki-Hafen; Mobiltelefon 09/3 42 26 17*

Tennis

Alle größeren Hotels verfügen über Tennisplätze, meist sogar mit Flutlicht. Wenn Kapazitäten frei sind, können dort auch Gäste spielen, die nicht im Hotel wohnen.

Wassersportzentren

Surfboards kann man an vielen Insel-
stränden ausleihen. Gut organisierte
Wassersportzentren, in denen man
auch Surfen, Katamaransegeln und
Wasserskifahren lernen und prakti-
zieren kann, sind:

Aquamania Watersport Centre/
Kiotari Watersport Centre
Zwei zusammengehörende Wassersportzentren unter deutscher Leitung
in Kiotari, VDWS-Mitglied.
Kiotari, Hotel Rhodos Princess und Hotel
Rhodos Village; Tel. 0244/023279 und
0946/455458; www.wassersport-rhodos.
de

Windsurfers World
Ixiá, vor dem Hotel Olympic Palace, Tel. u.
Fax 02 41/02 49 95; belveder@otenet.gr

Strände

Anthony-Quinn-Bucht
■ F 6/ F 7, S. 109
Kleiner Sand- und Kiesstrand zwischen Felsen in einer weltabgeschie-
denen Bucht, die einmal dem Film-
star Anthony Quinn gehörte. Man erreicht sie über eine Stichstraße vom
Hotel Ladikó aus.

Charáki
■ D 13, S. 109
Direkt am Ort gibt es nur einen
Kiesstrand, der wenig attraktiv ist.
Die nur 15 Gehminuten nördlich gelegene Agáthi-Bucht hingegen besitzt
einen schönen, noch weitgehend
unverbauten und nur selten über-
laufenen Sandstrand.

Faliráki
■ E 6/ F 6, S. 109
Kilometerlanger, breiter Sandstrand
vor der Kulisse von Hotelkolossen.

*Vom schweißtreibenden Anstieg
über gemütliches Pedalieren bis hin
zur »beflügelnden« Abfahrt –
für Biker ist auf Rhodos alles drin.*

Foúrni
Zwei wenig frequentierte Kiesstrände
in kleinen Buchten unterhalb von
Monólithos, FKK möglich.

Glístra   ■ C 14, S. 108
Unverbaute Bucht mit sichelförmigem
Sandstrand.

Kalithea
Baden in einer kleinen, fjordartigen
Bucht, wo man sich auf kleinen Fels-
terrassen unter schattigen Bäumen
sonnen kann.

Kolímbia   ■ F 6, S. 109
Ein landschaftlich reizvoller Strand
mit etwas Sand und vielen schönen
Felsen an der Ostküste.

Líndos   ■ D 14, S. 109
Ein großer und ein kleiner Sandstrand vor romantischer Kulisse an
der Ostküste.

> # ❶ MERIAN-Tipp
>
> **I**sland **Adventure** nennt sich
> eine ungewöhnliche Tour in
> Lada Niva Jeeps, die nicht mit
> gängigen Jeep-Safaris zu ver-
> gleichen ist. Man fährt tatsäch-
> lich auch off-road und setzt mit
> einem Speedboot sogar zur un-
> bewohnten Insel Alímnia über.
> Dort kann man schnorcheln
> und sich bei einem Barbecue
> stärken. Der Chef des Unter-
> nehmens ist ein Österreicher
> namens Roberto. Island Adven-
> ture, Leofóros Iraklídion 347,
> Triánda, Tel. 02 41/0 09 07 08,
> Tagestour etwa 80 Euro inkl.
> BBQ und T-shirt

Paulus-Bucht
Zwei kurze, kleine Strände an einer
fast völlig vom Meer abgeriegelten
Bucht unterhalb der Akropolis von
Líndos.

Plimíri
Kilometerlanger Sand-Kiesstrand
im Südosten der Insel, an dem fast
niemand anzutreffen ist.

Prassoníssi   ■ D 12, S. 109
Der größte Strand der Insel an der
Südspitze von Rhodos mit einigen
Dünen, Tavernen und bisher zwei
Pensionen. Besonders beliebt bei
Surfern mit eigenem Board. Nur mit
eigenem Fahrzeug zu erreichen.

Tsambíka   ■ E 8, S. 109
Viel Sand, aber keine Hotels er-
warten den Strandfan zu Füßen des
Klosterberges an der Ostküste.

Langeweile kommt auf Rhodos nicht auf. In der Altstadt und überall auf der Insel gibt es viel zu sehen. Wer noch mehr will, besteigt ein Schiff und steuert eine der Nachbarinseln an.

Nach oft recht heißen Ausflügen sollte man sich noch ein Bad in der von Felsen fast völlig eingerahmten Paulus-Bucht bei Líndos gönnen.

Inselrundfahrt

Wer im touristischen Norden der Insel wohnt, sollte unbedingt eine Nacht in einem der stilleren Inseldörfer im Süden verbringen.

Ausgangs- und Endpunkt der Tour ist Rhodos-Stadt. Starten Sie früh morgens, dann ist die Strecke gut zu bewältigen.

Fahren Sie zunächst an der Westküste der Insel entlang und auf den Berg Filérimos hinauf. Am Flughafen vorbei kommen Sie dann hinter Paradíssi an eine Abzweigung ins Inselinnere, die Sie zum Schmetterlingstal Petaloúdes führt. Von hier geht es auf einer guten, asphaltierten Waldstraße weiter ins Bergdorf Psínthos. Bei Afándou erreichen Sie die gut ausgebaute Ostküstenstraße. Eine Mittags- oder Badepause können Sie am Strand von Kolímbia oder Tsambíka unterhalb des gleichnamigen Klosters einlegen. An Archángelos vorbei kommen Sie nun durch ein großes Orangenanbaugebiet in die Nähe von Líndos und schließlich nach Lárdos. Von hier aus bringt Sie ein Abstecher über eine gute Asphaltstraße ins ganz einsam im Inselinnern gelegene Bergdorf Láerma und über einen Waldweg weiter zum Kloster Thári mit schönen Wandmalereien. Ein anderer Abstecher von Lárdos aus führt zum Kloster Ipsenís. Wer in Strandnähe übernachten will, wählt dafür am besten Lárdos oder Péfki. Uriger freilich verbringt man den Abend in echter Dorfatmosphäre in den stillen Binnendörfern Asklípion oder Lachaniá.

Wenn Sie früh aufstehen, schlage ich für die Fahrt nach Kattavía, dem südlichsten Dorf der Insel, den Umweg über Mesanagrós vor, der landschaftlich ganz besonders reizvoll ist. Spätaufsteher können auf der Küstenstraße bleiben und die Fahrt von Lárdos oder Gennádi nach Kattavía in einer halben Stunde zurücklegen. Von Kattavía aus empfiehlt sich ein Besuch am Strand von Prassoníssi. Auf der Rückfahrt gen Norden entlang der Westküste bietet sich zunächst ein Abstecher zum Kloster Skiádi an. Über Apolakkiá geht es weiter

Rhodos-Stadt ○

40 km

Petaloúdes ✳

Afándou ○

28 km

Lárdos ○

Kloster Thári ✳

Kloster Ipsenís ✳

Lárdos ○

32 km

Mesanagrós ○

13 km

Kattavía ○

19 km

Kloster Skiádi ✳

Kámiros Skála

nach Monólithos und nach Siána, das für seinen
Yoghurt berühmt ist. Bei Kámiros Skála erreicht
man wieder die Küste. Für die Mittagspause
empfehlen sich die Restaurants am kleinen Hafen.
Nach der Besichtigung der Ausgrabungen von
Kámiros können Sie noch einmal das Inselinnere
durchqueren. Dazu fahren Sie von Kalavárda
zunächst nach Sálakos und von dort aus hinauf
auf den Berg Profítis Ilías. Weiter geht es durch
dichte Wälder zur Kapelle Ágios Nikólaos Fountoúklí. Sie passieren die Dörfer Eleoúsa und Archípolis und kommen zum letzten Punkt dieser Rund-
fahrt, dem Waldrestaurant Eptá Pigés mit Quellen
und einem idyllischen Bach. Auf der Ostküstenstraße können Sie dann in den Inselnorden zurückkehren.

Kloster Skiádi
Kámiros Skála

13 km

Kámiros
Kalavárda
16 km
Profítis Ilías

16 km

Eptá Pigés

31 km

Rhodos-Stadt

*Die grüne Ebene
hinter dem Marmári-
Berg – er trennt die
Dörfer Líndos und
Lárdos voneinander
– eignet sich hervor-
ragend zum »Durch-
atmen« nach trube-
ligen Ferientagen an
der Küste.*

Länge: inkl. Abstecher 325 km; **Dauer:** je 8–10 Stunden;
Karte: → S. 115–121

Ins grüne Bergland

Die Jeeptour führt Sie weg von den Stränden hinauf zu kühlen Bergdörfern, zwei Klöstern und einer sehenswerten Kirche. Einen schönen Tag abseits der Küsten im angenehm kühlen und grünen Bergland der Insel zu verbringen ist eine Idee, die man wohl erst richtig zu würdigen weiß, wenn man an der Küste unter der Hitze zu stöhnen beginnt.

Rhodos-Stadt	
52 km	
Lárdos	
Kloster Ipsenís	✳
Kloster Thári	✳
Láerma	
12 km	
Ágios Isídoros	✳
17 km	
Émbonas	
12 km	
Kámiros Skála	
33 km	
Profítis Ilías	✳
48 km	
Rhodos-Stadt	

Wer frühmorgens von seinem Hotel in Rhodos-Stadt losfährt, kann zum zweiten Frühstück bereits in Lárdos sein. Von hier aus empfiehlt sich zunächst ein Abstecher zu den freundlichen Nonnen im Kloster Ipsenís. Danach fährt man dann vom Dorfplatz in Lárdos aus auf der ausgeschilderten Straße bergan nach Láerma und besucht die Mönche im Kloster Thári. In einem der urigen Kaffeehäuser von Láerma lohnt sich eine Rast, bevor es auf einer unbefestigten, aber gut befahrbaren Straße durch Wälder weitergeht bis nach Ágios Isídoros. Im Frühjahr blühen am Straßenrand tausende von Kyklamen. Von Ágios Isídoros geht es weiter ins große Bergdorf Émbonas am Fuße des Attáviros. Mittagessen kann man in einem der Fischrestaurants von Kámiros Skála.

Auf der Küstenstraße fährt man nordwärts weiter bis zur beschilderten Abzweigung nach Sálakos. Die kurvenreiche und schmale Asphaltstraße führt hinauf ins Waldgebiet am Profítis Ilías und dann zur Kirche Ágios Nikólaos Fountoúklí. Im stillen Binnenort Archípolis lohnt noch einmal eine Rast, bevor man bei Kolímbia wieder die Küstenstraße Líndos – Rhodos erreicht.

Länge: etwa 205 Kilometer; **Dauer:** Tagesausflug; **Karte:** → S. 115–117, 120/121

Von Lárdos durch die rhodische Bergwelt

Eine Tagestour (57–63 Kilometer) für sportliche Urlauber mit sehr guter Kondition.

Die Tour führt durch die rhodische Bergwelt in stille Dörfer, durchquert Wälder und kleine landwirtschaftliche Gebiete. Bis auf 13 Kilometer ist die gesamte Strecke asphaltiert. Trinkwasser, Imbiss und Kopfbedeckung nicht vergessen!

Am besten reist man schon am Nachmittag des Vortages per Linienbus nach Lárdos an und verbringt dort eine Nacht. Dort kann man auch Fahrräder mieten. Dann kann man sehr früh am nächsten Morgen starten, bringt die Steigungen am kühlen Morgen hinter sich und braucht in der heißeren Tageszeit nur noch abwärts oder auf ebenen Straßen zu radeln.

Von Lárdos aus geht es zunächst auf einer wenig befahrenen Asphaltstraße bergan, 13 Kilometer weit bis nach Láerma. Die ersten Kilometer zwingen manchen Radler zum Schieben, danach sind die Steigungen aber nicht mehr nennenswert. In Láerma kann man in einem Kafeníon rasten und dann auf einer drei Kilometer langen Straße weiterfahren zum Kloster Thári. Der Feldweg führt nach zehn Kilometern zum Dorf Profília, wo er wieder auf eine Asphaltstraße stößt. Wer noch gut bei Kräften ist, unternimmt einen insgesamt sechs Kilometer langen Abstecher über Asphalt ins schöne Dorf Ístrios. In beiden Orten gibt es Kafenía. Von Profília führt eine Asphaltstraße 13 Kilometer weit über das kleine Dorf Vátion bis hinunter nach Gennádi mit seinen vielen Tavernen, Kafenía und Bars. Auch am Strand laden Tavernen zur Rast ein. Auf der Küstenstraße geht es dann an weiteren Stränden entlang 13 Kilometer über Asphalt zurück nach Lárdos, wo man am besten noch einmal übernachtet.

Lárdos
13 km
Láerma

3 km

Kloster Thári
10 km
Profília

13 km

Gennádi

13 km

Lárdos

Weniger sportliche Urlauber können von Lárdos aus auch eine kürzere, ungefähr 20 Kilometer lange Radtour unternehmen. Dabei wird der Marmári-Berg im Rücken von Líndos umrundet. Man fährt von Lárdos aus zunächst in Richtung Rhodos-Stadt und zweigt dann nach fünf Kilometern in Richtung Líndos ab. Von hier geht es weiter zu den Stränden von Péfki und schließlich in Meeresnähe zurück nach Lárdos.

Die gesamte Strecke ist asphaltiert und daher gut zu befahren. Ihr besonderer Reiz liegt in den großartigen Ausblicken auf Líndos und die Küste, die man vom Fahrrad aus sehr viel intensiver genießt als aus dem Auto oder Bus.

Wer Sonnenschirmverleihern, Aerobic-Animateuren und Disko-Türstehern entfliehen will, muss sich nur ein paar Kilometer von der Küste weg bewegen – hier ist Rhodos noch Bauernland.

Dauer: 1–2 Tage bzw. Halbtagestour; **Karte:** → S. 120/121

Tagesausflug zur Insel Sími

Schon fast ein Muss für jeden Rhodos-Urlauber ist der Besuch der Nachbarinsel mit dem bedeutendsten Wallfahrtsziel der Ägäis, dem Kloster Panormítis. Und in den vielen schönen Tavernen können Sie die Inselküche kennen lernen.

Täglich startet eine ganze Flotte von Ausflugsdampfern vom Mandráki-Hafen aus zur zweistündigen Fahrt auf die Nachbarinsel, die schon seit zwei Jahrzehnten vom Touristenboom auf Rhodos profitiert. Ohne diese Tagesbesucher wäre das 79 Quadratkilometer große Sími heute wahrscheinlich eine nahezu entvölkerte Insel mit einer ausgedehnten Geisterstadt.

Die Tagestouristen von Rhodos waren der erste Hoffnungsschimmer für die Zukunft der Insel. So mancher von ihnen beschloss nämlich, seinen nächsten Urlaub ganz auf Sími zu verbringen.

Heute ist die Bevölkerungszahl der Insel wieder auf 2200 ständige Bewohner angewachsen, denen sich im Sommer jeweils noch einmal 700 Símioten hinzugesellen, die den Winter lieber anderswo verbringen. Neue Hotels sind in Planung, und um den Tourismus weiter anzukurbeln, haben die Símioten im Jahre 1989 gemeinsam ein zweites Schiff gekauft, das sie von den Launen der Reeder aus Rhodos und Piräus unabhängiger macht.

Der Inselhauptort Sími liegt an der Ostküste der Insel. Zunächst fährt das Schiff lange an kahlen Felsen entlang und passiert Felsbuchten mit kleinen Stränden, die nur übers Wasser zu erreichen sind. Dann erblickt man eine Bucht, an deren Ende Häuser und grüne Gärten das Ufer säumen: Pédi, den Nachbarort von Sími. Schließlich fährt das Schiff in eine zunächst weite, dann sich schlauchförmig verengende Bucht ein, die auf allen Seiten von Villen gesäumt ist: den Gialós von Sími. Am inneren Ende der Bucht erklimmen die Häuser den Berghang; dort oben liegt das Choriό, die Oberstadt, mit einer langen Reihe von 20 flügellosen Windmühlen und den spärlichen Resten einer Johanniterfeste.

Bleibt man am Ufer, kommt man zum weiten Platz mit dem Rathaus und dann an weiteren Restaurants vorbei zum Ortszentrum, wo an einem weiteren kleinen Platz voller Tische und Stühle die Treppenstraße hinauf in die Oberstadt beginnt. Ironischerweise wird sie trotz ihrer 400 Stufen Kalí Stráta, die »gute Straße«, genannt.

Oben in der Oberstadt gibt es einige Tavernen mit schönen Terrassen, von wo aus man einen großartigen Panoramablick auf die Stadt und die Bucht hat. Außerdem liegt hier ein kleines Museum, in dem Objekte der Volkskunst gezeigt werden.

Wer wegen der sommerlichen Hitze nicht hinauflaufen will, kann mit dem Kleinbus nach oben fahren und dann die villengesäumte Kalí Stráta abwärts gehend genießen.

Schön sind auch die Kieselsteinpflaster in den Höfen der Kirchen Agía Triáda und Ágios Panteleímonos und der klassizistische Bau der noch immer betriebenen Gemeindeapotheke. Ihre Inneneinrichtung stammt aus dem 19. Jahrhundert, ihr Operationssaal wird jetzt allerdings nicht mehr benutzt.

Wer will, kann vom Chorió aus auch mit dem Bus in fünf oder zu Fuß in 30 Minuten nach Pédi hinuntergelangen, wo ein kleiner Kiesstrand zum Baden und ein Bootsbauer zum Zuschauen einladen. Pédi war einst wie das nordwestlich von Gialós am Ufer gelegene Nimbório eine Sommersiedlung der Símioten; inzwischen steht hier das einzige größere Hotel der Insel.

Fast alle Ausflugsschiffe legen auf Sími auch für kurze Zeit am Kloster Panormítis an, das eines der bedeutendsten Wallfahrtsziele der Ägäis ist. Der ausgedehnte Klosterkomplex mit seinen Nebengebäuden, in denen mehr als 500 Pilger übernachten können, liegt versteckt am Ende einer verwinkelten Bucht, die sich den Blicken der Vorüberfahrenden entzieht.

Bild S. 87: Die schmucken Häuser von Sími, darunter viele Tavernen mit herrlicher Aussicht, ziehen sich rund um die Bucht die Hänge hinauf bis zum einstigen Burgberg.

Im engen, blendend weißen Klosterhof drängen sich Urlauber und Pilger, nicht weniger geschäftig geht es in der Kirche selbst zu. Gläubige küssen die mit einem prächtigen Oklad geehrte Ikone des Erzengels Michael, zünden Kerzen an, murmeln Ge-

bete und bekreuzigen sich, schreiben kleine Zettelchen mit ihren Wünschen, die sie dem wundertätigen Erzengel in der Kirche hinterlassen. In einem kleinen Museum in einer Ecke des Klosterhofs werden all die Geschenke gezeigt, die fromme Pilger dem Erzengel in den letzten Jahrhunderten machten, darunter auch wertvolle Elfenbeinschnitzereien und chinesisches Porzellan.

Wem Sími so gut gefällt, dass er eine Nacht hier verbringen möchte, der kann das nach Absprache mit der Schiffsbesatzung problemlos tun. Die Schiffe fahren täglich, so dass man auch später nach Rhodos zurückkehren kann.

Hotels in traditionellen Häusern:
– Aliki; Tel. 07 16 65, Fax 07 16 55; 15 Zimmer ★ ★ EURO VISA
– Dorian; Tel. 07 11 81, Fax 07 22 92; 9 Zimmer ★ ★ EURO VISA

Tagesausflug zur Insel Chálki

Auf der nur 28 Quadratkilometer großen, kahlen und gebirgigen Insel kommen Ruheliebende und junge Leute, die das einfache Leben suchen, voll auf ihre Kosten.

Tagesausflüge auf die Insel Chálki werden in der Hauptsaison per Tragflügelboot von Rhodos-Stadt aus angeboten. Chálki war einmal für 8000 Menschen eine Heimat. Viele von ihnen arbeiteten als Schwammfischer. Heute zählt der einzige Ort, Nimbório oder Chálki genannt, nur noch 300 Bewohner. Wandert man weiter, erreicht man nach ungefähr einer halben Stunde das völlig verlassene mittelalterliche Hauptdorf Chório unterhalb der Ruine der Johanniterburg. Badeboote bringen die Urlauber von Nimbório aus auch zur unbewohnten Weideinsel Alimniá sowie zu einigen kleinen Kiesstränden auf Chálki.

Hier verbringt man seine Tage in den Kaffeehäusern am Hafen oder am etwa zehn Gehminuten entfernten Sandstrand von Pondamos.

Dauer: Tagesausflug; **Karte:** → S. 114

Etwas für Individualisten: die kleine Insel Chálki.

Ausflug auf die Vulkaninsel Níssiros

Der Anblick des gewaltigen Kraters ist ein unvergessliches Erlebnis. Zur Hälfte ist der Kraterboden weidegrün, die andere Hälfte ist am ehesten mit Island zu vergleichen.

Organisierte Tagesausflüge auf die Vulkaninsel Níssiros werden von Rhodos aus nur selten angeboten. Insbesondere für Naturfreunde lohnt sich aber ein Ausflug dorthin mit dem Linienschiff, bei dem mindestens eine Zwischenübernachtung notwendig wird. Vom Hafen Mandráki fahren Busse bei Bedarf in den Krater; außerdem kann man Mopeds mieten. Von See her sieht man es der Insel gar nicht an, dass sie völlig anders als alle anderen griechischen Inseln ist. Aus der Ägäis steigen ihre grünen Hänge bis auf 698 Meter Höhe an, um dann nach innen steil bis zu 550 Meter tief in einen gewaltigen Krater von 3,5 Kilometer Länge und 1,5 Kilometer Breite abzufallen.

Níssiros ist einzigartig: Die Insel ist ein aus dem Meer aufragender Vulkan, dessen gewaltiger Krater – im Gegensatz zum sehr viel bekannteren Santorín – noch intakt ist. Vergleichbares ist in der Ägäis nicht zu finden.

Es ragen kleine Kraterkegel auf, aus denen Schwefeldämpfe aufsteigen, große Krater-

löcher, in denen der Boden in Schollen zerbrochen ist, in denen in Schlammlöchern das Wasser brodelt. Ein Bachbett, in dem nur selten Wasser fließt, hat einen knallgelben Schwefelrand, nur besonders angepasste Pflanzen halten sich in dieser Vulkanwüste. Oben auf dem Kraterrand liegen die beiden nahezu menschenleeren Dörfer Emboriós und Nikiá, unten am Meer der Hauptort Mandráki und der Ausweichhafen Páli. In Mandráki steht unmittelbar über den engen Gassen die Ruine einer mittelalterlichen Johanniterfestung.

Hotels:
In der Hauptsaison sollte man Zimmer telefonisch reservieren.
– Charitos; Tel. 03 13 22, Fax 03 11 22; 11 Zimmer ★★ (keine Kreditkarten)
– Ipapanti; Tel. 03 11 85; 8 Apartments ★★ DINERS EURO

Dauer: Tagesausflug

Von Anreisemöglichkeiten über Einkauftipps und Festkalender bis zu den Zollmodalitäten: Alles Wissenswerte ist hier übersichtlich aufgeführt.

Stillleben auf »griechisch«:
Typische Straßenszene in
Rhodos-Stadt.

SPECIAL
PRICE
350

Rhodos von A–Z

Anreise

Mit dem Flugzeug

Charterflugverbindungen zur Insel des Helios gibt es von nahezu allen Flughäfen der deutschsprachigen Länder. Im **Linienverkehr** ist Rhodos ganzjährig mehrmals täglich über Athen zu erreichen. Zwischen Athen und Rhodos fliegen mehrere griechische Fluggesellschaften, insbesondere Olympic Airways, Axon und Aegean. Olympic und/oder Aegean verbinden Rhodos außerdem mit Thessaloníki, Iráklio/Kreta, Kássos, Kastellórizo, Mykonos und Santorin.

Mit dem Schiff

Im Sommerhalbjahr verkehren schnelle Tragflügelboote zwischen Rhodos und den anderen Inseln des Dodekanes bis hinauf nach Sámos. Ganzjährig sind Autofähren täglich zwischen Rhodos und Piräus im Einsatz. Es existieren schnelle Nonstopverbindungen sowie gemütliche Fähren, die unterwegs noch zahlreiche andere Inseln anlaufen. Hierbei gibt es mehrere Alternativen: Täglich fahren Fähren über Kos, Kálimnos, Léros und Pátmos, mehrmals wöchentlich über Chálki, Kárpathos, Kássos, Kreta und Santorín nach Piräus. Der Fährhafen von Rhodos liegt unmittelbar vor der Altstadt. Zum Busbahnhof geht man nach rechts immer am Ufer entlang und erreicht nach etwa 1500 Metern die Néa Agorá.

Vom Flughafen zum Urlaubsort

Der Flughafen von Rhodos liegt zwischen dem Dorf Paradíssi und dem Meer, 14 Kilometer von Rhodos-Stadt entfernt. Wer nicht mit dem Transferbus seines Reiseveranstalters, einem Mietwagen oder Taxi weiterreisen will, kann auch den Linienbus nehmen. Einen direkten Flughafenbus gibt es allerdings nicht mehr. Um zur Linienbushaltestelle zu gelangen, geht man aus der Ankunftshalle nach links heraus etwa 150 Meter bis zur Hauptstraße. Von hier fahren die Busse zwischen 6 und 23.45 Uhr etwa halbstündlich nach Rhodos-Stadt ab. Fahrkarten kauft man im Bus. Endstation ist die Néa Agorá am Rande der Altstadt. Von hier aus fahren Linienbusse in alle Teile der Insel. Taxis stehen für die Weiterfahrt ins Hotel bereit.

Auskunft

Griechische Zentrale für Fremdenverkehr

In Deutschland

– Wittenbergplatz 3 A; 10789 Berlin; Tel. 0 30/2 17 62 62, Fax 2 17 79 65; info-berlin@gzf-eot.de
– Neue Mainzer Str. 22; 60311 Frankfurt/Main; Tel. 0 69/23 65 61, Fax 23 65 76; info@gzf-eot.de
– Neuer Wall 19, 20354 Hamburg; Tel. 0 40/45 44 98, Fax 44 96 48; info-hamburg@gzf-eot.de
– Pacellistr. 2; 80333 München; Tel. 0 89/22 20 35, Fax 29 70 58; info-muenchen@gzf-eot.de

In Österreich

Opernring 8, 1015 Wien; Tel. 02 22/5 12 53 17, Fax 5 13 91 89; grect@vienna.at

In der Schweiz

Löwenstr. 25, 8001 Zürich; Tel. 01/221 01 05, Fax 2 12 05 16; eot@bluewin.ch

Auf Rhodos ■ d 4, Klappe hinten
Odós Ethnárchou Makaríou/Odós Papagoú, Rhodos-Stadt; Tel. 02 41/02 36 55, Fax 02 69 55

Bevölkerung

Griechische Gastfreundschaft kann man in den großen Hotels und internationalen Bars zwar auch noch gelegentlich kennen lernen, weit eher jedoch wird man sie in Klöstern und kleinen Kaffeehäusern auf den Dörfern erleben. Die Chance dazu hat freilich nur, wer nicht wie ein Kunde auftritt, sondern sich wie ein einfühlsamer Gast verhält. Am wichtigsten sind nicht zu freizügige Kleidung und Zeit für ein Gespräch. Sich für eine kleine Hilfe oder Freundlichkeit mit Geld bedanken zu wollen wird außerhalb der Hotels leicht als Beleidigung empfunden.

Camping

Es gibt auf Rhodos keinen Campingplatz. Wild zu zelten ist verboten. Nur am Strand von Prassoníssi werden freie Camper zur Zeit noch geduldet. Kleine Zelte sind des öfteren auch an abseits gelegenen Stränden südlich von Gennádi und Monólithos zu sehen, ohne dass sich jemand darüber aufregt.

Diplomatische Vertretungen

Konsulat der Bundesrepublik Deutschland
Párodos Issiódou 12, Rhodos-Stadt; Tel. 02 41/06 37 30

Konsulat der Republik Österreich
■ d 3, Klappe hinten
Odós 25 Martíou 17, Rhodos-Stadt; Tel. 02 41/02 08 31

Die Schweiz unterhält auf Rhodos kein Konsulat. Eidgenossen wenden sich in Notfällen an ihre Botschaft in Athen.
Odós Jassíou 2; Tel. 01/07 23 03 64

Einkaufen

Groß ist die Auswahl an T-Shirts mit allen möglichen und unmöglichen Aufdrucken, zahllos sind Klein-Souvenirs wie Flaschenöffner und Glasuntersetzer. Selbstverpfleger finden in den Supermärkten inzwischen fast alle Produkte, die auch bei uns in den Regalen stehen.

Die Mehrwertsteuer ist in allen Verkaufspreisen bereits inbegriffen. In Griechenland gelten je nach Warengruppe drei verschiedene Mehrwertsteuersätze: drei, sechs und 18 Prozent. Um den Preis zu feilschen ist heutzutage nicht mehr üblich. Nur bei den Pelzhändlern und beim Kauf besonders großer Schwämme ist Handeln noch angebracht.

Ladenöffnungszeiten
Gesetzlich geregelte Ladenschlusszeiten gibt es in Griechenland seit 1993 nicht mehr. Viele Geschäfte sind auch noch spätabends und an Sonn- und Feiertagen geöffnet.

Zwischen Oktober und März sind hingegen die meisten Geschäfte in ausgesprochenen Badeorten wie Faliráki, Kolímbia oder Líndos ganz geschlossen.

Ikonen
Die Ausfuhr von Ikonen aus vergangenen Jahrhunderten ist verboten. Echte alte Ikonen werden auch nirgends offiziell angeboten. In den Geschäften erhält man überwiegend nur billige, gedruckte Kopien. Dem Ikonenliebhaber stehen jedoch nicht nur billige Drucke als Ersatz zur Verfügung, sondern auch hochwertige Museumsrepliken sowie Werke lebender Ikonenmaler. Günstiger als in Souvenirgeschäften bekommt man sie in Devotionalienhandlungen oder direkt beim Ikonenmaler.

Keramik

Auf Rhodos gibt es zahlreiche Töpfereien. Sie stellen bevorzugt Schalen und Teller nach alten lindischen Vorbildern her.

Komboloia

In den Händen vor allem älterer griechischer Männer sieht man häufig ein kleines Kettchen, das eifrig hin- und herbewegt wird. An einem Leder- oder Metallband sind 15 bis 19 Kugeln oder Perlen aus Holz oder Porzellan, Silber, Bernstein oder Kunststoff aufgereiht, die an die islamische Gebetskette oder Rosenkränze erinnert.

Diese Komboloia haben in Griechenland jedoch keinerlei religiöse Bedeutung, sondern werden als reines Spielzeug betrachtet. Die großen Komboloia mit eiergroßen Perlen dienen als Wandschmuck und gelten als Glücksbringer, denn der Kombos, der Knoten, der die Kette zusammenhält, ist ein uraltes Glückssymbol.

Kräuter

Vor allem Wanderern ist der Kräuterduft der griechischen Berglandschaft unvergesslich. Man kann diese Kräuter, darunter vor allem Salbei, Minze, Rosmarin und Thymian, auch auf Märkten und in Spezialgeschäften kaufen.

Lederwaren

Mehrere kleine Werkstätten auf Rhodos stellen Lederwaren her. Angeboten werden Kleidung und Schuhe, Handtaschen und Accessoires. Die Qualität lässt allerdings häufig zu wünschen übrig.

Maßkleidung

Einige Schneider in der Alt- und Neustadt von Rhodos stellen binnen weniger Tage für Herren Maßanzüge und Maßhemden her.

Museumskopien

Ein staatlicher Laden in der Altstadt von Rhodos verkauft Kopien antiker und mittelalterlicher Kunstwerke aller Art, darunter auch Ikonen. Ganz in der Nähe bietet ein Juwelier auch Kopien von antikem Schmuck zum Kauf an.

Pelze

Pelzgeschäfte säumen die Haupteinkaufsstraße in der Altstadt von Rhodos, warten aber auch in der Neustadt und in Faliráki auf Kunden. Warum man Winterjacken und -mäntel ausgerechnet im heißen Sommer kaufen sollte, mag unverständlich erscheinen – doch der Erfolg gibt den Händlern recht.

Inzwischen leben über 1500 Rhodier vom Kürschnerhandwerk, dessen Produkte in rund 100 Läden verkauft werden. Wer nicht widerstehen kann, sollte jedoch daran denken,

❶ MERIAN-Tipp

Der Juwelier Ilías Lalaoúnis gilt als einer der größten – und leider auch teuersten – griechischen Juweliere und Schmuck-Designer. Der Athener Meister unterhält zehn Filialen in Griechenland und fünf weitere im Ausland, darunter auch in New York und Paris. Seine rhodische Filiale befindet sich in der Altstadt von Rhodos, stilgerecht in alten Gemäuern gelegen, gleich links vom Zugang in die Altstadt zwischen Aphrodite-Tempel und Ritterstraße. Der Blick ins Geschäft lohnt auch dann, wenn man sein Geld lieber für andere Dinge ausgibt. Platía Megálou Alexándrou, Rhodos-Altstadt
■ e 4 Klappe hinten

dass Pelze von Tieren, die dem Washingtoner Artenschutzabkommen unterliegen, vom Zoll entschädigungslos konfisziert werden können.

Schallplatten
Die Auswahl an Kassetten und CDs mit griechischer Musik ist groß.

Schmuck
Zahlreiche Juweliere in allen Touristenzentren bieten Gold- und Silberschmuck an, der zwar oft billig, aber nicht immer seinen Preis wert ist.

Schwämme
Schwammfischer von der Insel Kalimnos liegen im Sommer häufig für ein paar Tage im Mandráki-Hafen von Rhodos, um ihre Schwämme direkt zu verkaufen. Wer einen Ausflug zur Insel Sími unternimmt, hat ebenfalls eine gute Auswahl.

Spirituosen
In- und ausländische Spirituosen aller Art sind auf Rhodos weitaus günstiger zu kaufen als im übrigen Griechenland. Wer Spirituosen mit nach Hause nehmen will, kauft sie allerdings noch preisgünstiger im Duty-free-Shop am Flughafen ein.

Stickereien
Stickereien werden zwar auch noch in den rhodischen Dörfern hergestellt, stammen jedoch überwiegend bereits aus anderen Regionen Griechenlands und aus Fernost.

Teppiche
Neben wenigen Teppichen aus griechischer Produktion wird vor allem asiatische Ware angeboten.

Wein
Der rhodische Boden bringt ausgezeichnete Weiß-, Rot- und Roséweine hervor. Wein aus Rhodos erhält man auch in tragefreundlichen Geschenkpackungen.

Eintrittspreise

Die meisten Museen und Ausgrabungsstätten erheben 2 bis 4 Euro Eintrittsgeld. Kostenlosen Zugang haben Kinder, Jugendliche, Journalisten mit Presseausweis sowie Studenten mit internationalem Studentenausweis. Senioren über 65 Jahre erhalten Ermäßigung.

Feiertage

An Feiertagen sind Banken und Geschäfte außer Reisebüros und Souvenirläden geschlossen.

In der Zeit vom 20. Dez. bis 6. Jan. sowie in der Osterzeit verlangen Tavernen, Restaurants und Hotels einen Feiertagszuschlag von etwa 10 Prozent (Taxi etwa 50 Cents). Dieser Zuschlag muss bezahlt werden, selbst wenn er nur durch einen handgeschriebenen Zettel angekündigt wird.

1. Jan.	Neujahrstag
7. März	Nationalfeiertag
25. März	Nationalfeiertag
1. Mai	Tag der Arbeit
5. Mai	Ostersonntag 2002
25. Juni	Pfingstmontag 2002
15. Aug.	Mariä Entschlafung
28. Okt.	Nationalfeiertag
25./26. Dez.	Weihnachten

Feste und Festspiele

Das bedeutendste private Fest ist für die Rhodier der Namenstag. Demgegenüber spielt der Geburtstag kaum eine Rolle. Hochzeiten und Taufen wiederum werden mit großem Aufwand und einer großen Anzahl von Gästen begangen. Häufig wird dabei in Tavernen gefeiert.

Der höchste staatliche Feiertag ist der 25. März, der zur Erinnerung an den Beginn des griechischen Freiheitskampfes gegen die Türken 1821 mit Paraden begangen wird.

Militär und Klerus, Beamte, Vereine und Schulen nehmen daran teil. Die Schulkinder tragen dabei häufig unterschiedliche griechische Trachten.

Das wichtigste religiöse und zugleich auch für die Familie bedeutendste Fest ist Ostern. Emigranten kehren selbst aus Amerika und Australien an den Feiertagen auf ihre Heimatinsel zurück, Söhne und Töchter kommen vom Festland nach Hause. In der Karwoche finden täglich mindestens zwei Gottesdienste statt. Der Karfreitag beginnt mit heftigem Glockengeläut; die Flaggen sind an diesem Tag auf halbmast gesetzt. Am Nachmittag geht man zur Stunde der Kreuzabnahme in die Kirche. Die ganze Nacht zum Karsamstag stehen die meisten Kirchen offen. Sehr früh am Morgen wird dann eine Messe gefeiert. Der Höhepunkt der Woche folgt am Samstagabend. Etwa eine Stunde vor Mitternacht geht fast jeder Grieche in die vollkommen verdunkelte Kirche, in der nur eine einzige Kerze brennt. Um Mitternacht verkündet der Priester die Auferstehung Christi, alle Kirchgänger entzünden mitgebrachte Kerzen an der Kerze des Priesters. Ein Feuerwerk wie bei uns zu Silvester erhellt den Himmel, danach geht man nach Hause oder in Tavernen, um die Ostersuppe zu essen. Am Ostersonntag werden überall in der Stadt, auf den Dörfern und im Freien Lämmer oder junge Ziegen am Spieß gegrillt.

Zusätzlich zu diesen Festen feiert jedes Dorf mindestens einmal im Jahr ein **Kirchweihfest.** Fast immer bereitet man sich schon am Vorabend mit Musik, Tanz, gutem Essen und viel Wein auf dem Dorfplatz auf den Festtag vor. Besonders stimmungsvoll sind Kirchweihfeste in Klöstern.

Im Sommer finden in vielen Orten kulturelle Veranstaltungen wie Theater-, Konzert- und Ballettgastspiele statt. Auskunft geben die Touristeninformationsbüros.

April
Kirchweihfest
In Afándou, Kritinía.
23. April, wenn Ostern später liegt, erst am Ostermontag
In Ágios Thomás (bei Mesanagrós) am Sonntag nach Ostern

Mai
Kirchweihfest
In Koskinoú und Lachaniá.
5. Mai
Im Kloster Thári (bei Láerma).
22. Mai

Juni
Kirchweihfest
In Líndos und Charáki.
29. Juni

Juli
Kirchweihfest
In Asgoúrou, Koskinoú, Paradíssi.
17. Juli
In Sálakos und auf dem Profítis Ilías.
20. Juli
In Siána und Kattavía
27. Juli

August
Kirchweihfest
In Maritsá und Kiotári.
6. August
In Émbonas, Kremastí, Asklípion.
15. August
Im Kloster Ipsenís.
23. August

Mariä Entschlafung
Das nach Ostern zweitwichtigste religiöse Fest. Es wird mit Gottesdiensten, Prozessionen und fröhlichen Feiern begangen.
15. August

September
Kirchweihfest
In Káto Tsambíka, Psínthos und im Skiádi-Kloster.
8. September

FKK

Das Nacktbaden ist zwar offiziell immer noch verboten, wird an abgelegenen Stränden aber – wie seit eh und je – von Touristen häufig praktiziert. An einem Strandabschnitt im Süden von Faliráki ist FKK sogar von Amts wegen erlaubt; dort werden an die Nackedeis auch Sonnenschirme und Liegestühle vermietet. Oben ohne ist allgemein üblich.

Fotografieren

Filme sind in Griechenland teurer als bei uns; man sollte sich vor Antritt der Reise also ausreichend damit versorgen. Zahlreiche Geschäfte in den Touristenzentren entwickeln Farbnegativfilme in wenigen Minuten und stellen binnen einer Stunde auch qualitativ gute Abzüge her.

Die meisten Griechen lassen sich gern fotografieren, wenn man sie lächelnd um Erlaubnis bittet. Verboten sind Aufnahmen von Militärfahrzeugen, -anlagen und -personen.

Geld

Seit dem 1. März 2002 ist der Euro auch in Griechenland das einzige gesetzliche Zahlungsmittel.

Kreditkarten werden von vielen Hotels, Restaurants und Mietwagenfirmen akzeptiert.

Mit Kreditkarten oder EC-Bargeldkarten plus PIN-Code (Geheimnummer) kann an zahlreichen Bargeldautomaten Bargeld gezogen werden. Vom Postsparbuch können Sie in Griechenland nicht abheben, es ist aber möglich, sich via Western Union Geld telegrafisch anweisen zu lassen. In Deutschland muss man dafür aufs Postamt gehen; auf Rhodos hat Western Union unterschiedliche Partner. Euroschecks werden in Griechenland seit dem 1. Januar 2002 nicht mehr akzeptiert.

Banken sind normalerweise montags bis donnerstags von 8 bis 14, freitags bis 13.30 Uhr geöffnet. In Rhodos-Stadt und in den bekannten Touristenzentren sind einige Banken während des Sommerhalbjahres aber auch nachmittags sowie Samstag vormittags geöffnet. Es empfiehlt sich, sich vor Ort zu informieren. Die Filiale der National-Bank an der Platía Kípru in Rhodos-Stadt ist zudem auch noch Sonntag vormittags von 9 bis 12 Uhr geöffnet. Die Bank am Flughafen von Rhodos ist meist zur Ankunft von Chartermaschinen aus dem Ausland geöffnet.

Geld kann auch auf allen Postämtern gewechselt werden. Sie lösen auch Reiseschecks ein. Postämter sind montags bis freitags von 7.30 bis 14.30 Uhr geöffnet; in Rhodos-Stadt und in den Touristenzentren sind in der Saison manche Postämter auch werktags bis 20 Uhr dienstbereit.

Nebenkosten in Euro

1 Tasse Kaffee	1,50–2,50
1 Bier	2,00–3,00
1 Cola	1,20–2,30
1 Brot (ca. 500 g)	ca. 1,00
1 Schachtel Zigaretten	2,00–2,50
1 Liter Benzin	ca. 0,90
Fahrt mit öffentl. Verkehrsmitteln (Einzelfahrt)	ca. 0,60
Mietwagen/Tag	ab ca. 35,00

Stand: August 2001

Internet

www.gnto.gr Die offizielle Homepage der Griechischen Zentrale für Fremdenverkehr (englisch)
www.grecco.de Guter Web-Katalog (deutsch und englisch)
www.gr-indexer.gr Beste Suchmaschine für Griechenland (vielsprachig)
www.griechenland.net/az Ausgewählte Artikel aus der wöchentlich erscheinenden *Athener Zeitung* (deutsch)
www.ana.gr Aktuelle Nachrichten aus ganz Griechenland (englisch)
www.info-greece,gr Urlauber geben Reisetipps und stellen Fotos ins Netz (deutsch)
www.gtpnet.com Zahlreiche touristische Auskünfte, vor allem aber aktuelle Schiffsfahrpläne (englisch)
www.gogreece.com Brauchbare touristische Informationen (englisch)

Kleidung

Die Rhodier selbst kleiden sich ganz und gar europäisch, die Jugend modisch chic. Nur in Archángelos sieht man häufiger noch Frauen mit Kopftuch und alte Männer mit Pluderhose (Vráka) und hohen Stiefeln.

Von Touristen sind die Rhodier inzwischen jede Art und Unart der Bekleidung gewohnt. Wer Rücksicht auf die Einheimischen nehmen will, geht nicht mit nacktem Oberkörper durch Städte und Dörfer und achtet als Frau darauf, dass Ärmel- und Halsausschnitte nicht zu tiefe Einblicke gewähren. Badehose und Bikini trägt man ausschließlich am Strand.

Eine leichte Jacke oder einen dünnen Pullover sollte man auch im Hochsommer im Gepäck haben, da auf Bootsfahrten und vor allem abends auch im Juli und August ein kühler Wind aufkommen kann.

Bis Mai und ab Oktober sollte auch leichte Regenbekleidung nicht fehlen. Zwischen November und April ist auch wärmere Übergangsbekleidung eine Notwendigkeit.

Medizinische Versorgung

Nahe der Stadt Rhodos gibt es ein Krankenhaus; Ärzte haben sich auch in vielen anderen Orten niedergelassen. Der medizinische Standard liegt deutlich unter dem bei uns üblichen. Bei wirklich ernsthaften Erkrankungen sollte man sich besser zu Hause behandeln lassen.

Obwohl zwischen der Bundesrepublik Deutschland und Griechenland ein Sozialversicherungsabkommen besteht, zahlt man notwendige Arztbesuche am besten bar.

Das sichert nicht nur eine bessere Behandlung, sondern erspart auch Behördengänge: Der Auslandskrankenschein der heimischen Krankenkasse muss nämlich erst bei der griechischen Krankenkasse IKA gegen einen griechischen Schein eingetauscht werden, bevor man einen der Vertragsärzte der IKA aufsuchen kann. Aus all diesen Gründen ist für Mitglieder gesetzlicher Krankenkassen der Abschluss einer speziellen Auslandskrankenversicherung dringend anzuraten. Eine Rückflugversicherung für den akuten Krankheitsfall ist möglich.

Mücken

Im Sommerhalbjahr können Stechmücken auf Rhodos zur Plage werden. Nur in wenigen Hotels werden Geräte, die man in die Steckdose anschließt und die die Mücken erfolgreich vertreiben, kostenlos ausgeliehen. Man kann diese Geräte aber in vielen Supermärkten und anderen Geschäften kaufen. Für den Fall, dass die Mücke doch einmal Sieger bleibt, sollte man eine entsprechende Salbe mitbringen.

Oben: Nach den aufwändigen religiösen Zeremonien der Osternacht steht der darauffolgende Sonntag ganz im Zeichen von Essen und Trinken. Traditionell stellt man auch rot gefärbte Eier auf den Tisch – Symbol des Blutes Christi.

Mitte: Schauen Sie genau hin, nicht alle Handarbeiten sind echt rhodisch! Viele stammen aus anderen Regionen Griechenlands oder sogar aus Fernost.

Unten: Die wenigen Bewohner, die bis heute im Bergdorf Mesanagrós verblieben sind, schmücken ihre weißen Häuser gerne mit einigen bunten Farbtupfern.

Notruf

Überall in Griechenland Tel. 100

Politik

Die Stadt Rhodos ist Hauptstadt eines von 52 griechischen Regierungsbezirken (Nómoi), zu dem alle 19 bewohnten Inseln des Dodekanes gehören. Außerdem ist sie Hauptort des Landkreises (Eparchía) Rhodos, zu dem die Inseln Chálki, Kastellórizo, Sími und Tílos gehören.

Ministerpräsident ganz Griechenlands ist Kóstas Simítis. Seine Partei, die sozialdemokratische PASÓK, ging aus den Parlamentswahlen 2000 als Sieger hervor. Sie errang 158 von 300 Sitzen. Größte Oppositionspartei ist mit 125 Sitzen die konservative Néa Dimokratía (ND) unter Führung von Kóstas Karamanlís. Drittstärkste Partei ist die kommunistische KKE, die mit elf Sitzen im Parlament vertreten ist. Die übrigen sechs Sitze gewann die Linksallianz SYN. Staatspräsident ist seit dem Februar 2002 Kóstis Stephanópoulos.

Ministerpräsident Kóstas Simítis hat sich seit seinem Amtsantritt 1996 besonders um die Sanierung der griechischen Wirtschaft und des Staatshaushaltes bemüht. Viele Staatsbetriebe wurden und werden privatisiert; die Zahl der Beamten und Staatsbediensteten wurde stark zurückgenommen. Die Inflationsrate z. B. sank zwischen 1990 und 2001 von über 20 auf nur noch zwei bis drei Prozent. So gelang es der Regierung, alle Bedingungen für die Aufnahme in die Europäische Union zu erfüllen. Ein weiterer Erfolg ist die Verbesserung der Beziehungen zwischen Griechenland und der Türkei, die vielen Hellenen noch immer als böser Erzfeind gilt.

Als Ausländer bezieht man zu Fragen der griechischen Politik am besten keine Stellung. Man sollte allerdings darauf vorbereitet sein, nach seiner politischen Meinung über das eigene Land befragt zu werden.

Post

Postämter sind montags bis freitags von 7.30 bis 14.30 Uhr geöffnet. Das Hauptpostamt in der Stadt Rhodos ist jedoch bis 20 Uhr geöffnet; ein Postcontainer in der Odós Orféos in der Altstadt von Rhodos ist auch samstags und sonntags von 8 bis 20 Uhr dienstbereit. Briefmarken sind beim Kauf von Ansichtskarten auch an vielen Kiosken erhältlich.

Reisedokumente

Zur Einreise genügt ein gültiger Personalausweis oder Reisepass. Für Kinder unter 16 Jahren ist ein Kinderausweis (ab 10 Jahren mit Lichtbild) oder ein Eintrag im Pass der Eltern erforderlich.

Reisewetter

Rhodos ist ein Frühjahrs- und Sommerreiseziel. Zwischen April und Anfang Oktober ist das Wetter beständig, die Sonne scheint viel, und Winde aus nördlicher und westlicher Richtung bringen auch bei hohen Temperaturen angenehme Kühlung. Auch der November kann noch sehr angenehm sein. Zwischen Dezember und Mitte April sollte man nur nach Rhodos reisen, wenn man in der Stadt wohnen und viele Besichtigungen unternehmen will. In dieser Zeit wechseln sonnige, warme Tage mit oft tagelang anhaltenden Wolkenbrüchen und Stürmen ab.

Für einen reinen Badeurlaub ist Rhodos von Juni bis September geeignet, wenn sich das Meer bis auf 25 °Celsius erwärmt.

Besichtigungstouren und Wanderungen unternimmt man am besten im Frühjahr oder Herbst.

Religion

Außer einer Minderheit von 2000 türkischstämmigen Moslems und einigen Anhängern von Freikirchen sind alle Rhodier griechisch-orthodoxe Christen. Ihre Priester sind mit ihren langen Gewändern, der markanten Kopfbedeckung, dem langen Haar und den Bärten in den Straßen unübersehbar. Oft sieht man sie auch mit Familie: Orthodoxe Priester dürfen vor der Priesterweihe heiraten. Mönche und Nonnen müssen ledig sein, ebenso Bischöfe.

Orthodoxe Kirchen zeichnen sich durch reichen Ikonenschmuck aus. Oft sind die Wände auch mit Malereien bedeckt.

Wenn man unmittelbar vor Ikonen steht, sollte man ihnen niemals den Rücken zukehren. Ebenso gilt es als unschicklich, vor Ikonen die Hände in die Taschen zu stecken oder auf dem Rücken zu halten. Der orthodoxe Gottesdienst dauert meist zwei bis drei Stunden und wird nach uralten Überlieferungen vollzogen. Es herrscht dabei ein emsiges Kommen und Gehen, so dass auch Urlauber dem Gottesdienst für einige Zeit beiwohnen können, ohne zu stören. Niemand hat etwas dagegen, wenn Urlauber in der Kirche Kerzen kaufen und sie entzünden.

Theologisch unterscheidet sich der orthodoxe Glauben in vielerlei Hinsicht vom Protestantismus und vom römischen Katholizismus. Zur Kirchenspaltung kam es im Jahre 1054 über die Grundsatzfrage, ob der Heilige Geist auch von Gottsohn oder nur von Gottvater ausgeht, wie die Orthodoxen meinen. Kinder werden in der orthodoxen Kirche bei der Taufe vollständig ins Wasser eingetaucht. Die individuelle Beichte spielt in der Orthodoxie nur eine untergeordnete Rolle. Deswegen findet man in den Kirchen auch keine Beichtstühle. Der Papst wird nicht als Oberhaupt der Kirche anerkannt; sein An

Die genauen Klimadaten von Rhodos-Stadt

		Januar	Februar	März	April	Mai	Juni	Juli	August	September	Oktober	November	Dezember
Durchschnittl.	Tag – Temp. in °C	15,4	15,9	17,2	20,5	25,0	29,5	31,9	32,6	29,4	25,3	21,1	17,1
	Nacht	7,4	7,7	8,8	11,3	14,6	18,9	21,3	21,9	19,2	15,3	12,0	9,2
	Sonnenstunden pro Tag	3,4	4,7	5,7	8,1	10,2	11,6	12,7	11,8	9,7	6,5	5,7	4,0
	Regentage	14	10	8	3	3	0	0	0	1	6	7	13
	Wassertemp. in °C	17	16	16	17	19	21	23	25	24	22	20	18

Quelle: Deutscher Wetterdienst, Offenbach

spruch, Stellvertreter Gottes auf Erden zu sein, stellt das größte Hindernis für eine Annäherung der Kirchen in der ökumenischen Bewegung dar.

So gab es im Frühsommer 2001 zum Beispiel auch heftige Diskussionen um die Frage, ob man dem Papst eine Reise nach Griechenland gestatten sollte. Als er kam, durfte er nicht wie gewohnt im offenen Auto durch Athen fahren, sondern musste sich in eine gepanzerte, kugelsichere Limousine setzen.

Rundfunk und Fernsehen

Nachrichten in Deutsch und anderen Fremdsprachen werden täglich um 7.40 Uhr im ersten Programm des Senders ER 1 verlesen. In vielen Hotels können über Satellit auch ausländische Fernsehsender empfangen werden, darunter manchmal auch deutsche.

Sprache

In allen großen Hotels sowie in Touristenlokalen und Souvenirgeschäften wird Deutsch gesprochen. Sonst kommt man mit Englisch gut zurecht. Viele ältere Rhodier sprechen noch Italienisch. Ehemalige Gastarbeiter mit guten Deutschkenntnissen finden sich in vielen Dörfern.

In diesem Reiseführer wurden griechische Wörter und Namen so umschrieben, dass sie möglichst leicht richtig auszusprechen sind.

Wichtig: Betont wird immer die Silbe, die den Akzent trägt. Bei eingedeutschten Namen wurde die traditionelle Umschreibung beibehalten, so zum Beispiel bei »Rhodos« (Ródos) Sprachführer → S. 110

Stromnetzspannung

220 Volt Wechselstrom ist üblich; deutsche Stecker passen meist.

Telefon

Für Telefonate und Telegramme ist in Griechenland nicht die Post zuständig, sondern die eigenständige Gesellschaft OTE. Sie unterhält in allen größeren Orten eigene Niederlassungen. In Dörfern stehen offizielle OTE-Telefone an Kiosken, in Läden oder Kafenía.

Weit verbreitet sind – häufig nicht funktionierende – Kartentelefone. Telefonkarten erhält man an Kiosken und in den OTE-Büros. Es gibt Karten für 100, 200 und 1000 Einheiten. Je mehr Einheiten auf der Karte sind, desto billiger ist die Einheit. Für ein Gespräch nach Deutschland reicht normalerweise eine 200er-Karte völlig aus.

Von Hotels und Reisebüros aus zu telefonieren, ist nicht empfehlenswert, da sie meist sehr teuer sind.

Telefonate mit Einheimischen sollte man nicht während der Mittagsruhe zwischen 13 und 17 Uhr führen.

Mobiltelefone
Mit deutschen Handys sind Telefonate im D1- und D2-Netz möglich. Festinstallierte Geräte für B- und C-Netz dürfen mitgebracht, aber nicht benutzt werden. Die Flächendeckung ist gut. Über die Tarife informiert Ihr Provider.

Vorwahlen
D, A, CH → GR 00 30
GR → D 00 49
GR → A 00 43
GR → CH 00 41
dann Vorwahl der gewünschten Stadt ohne die Null (ab 1. Okt. 2002 ohne die Zwei).

Vorwahlnummern auf Rhodos
Seit 1. Jan. 2002 müssen auch bei Ortsgesprächen die Ortsvorwahlen mitgewählt werden. Auf der Insel Rhodos gibt es drei verschiedene Ortsnetze.

Vorwahl 02 41 für Rhodos-Stadt, Afándu, Jálissos, Maritsá, Sgúru, Soróni und Faliráki
Vorwahl 02 44 für Archángelos, Gennádi, Kalathós, Kattawiá und Lárdos, Líndos und Péfki
Vorwahl 02 46 für Apolakkiá, Émbonas, Monólithos und Sálakos.

Vorwahlnummern für die Nachbarinseln

Chalkí 02 41 Níssiros 02 42
Sími 02 41

Wichtig: Ab 1. Okt. 2002 ändern sich alle Vorwahlnummern. Im Festnetz wird die Anfangs-Null durch eine Anfangs-Zwei ersetzt; im Mobilfunknetz durch eine Anfangssechs!
Beispiel: aus 02 41 wird 22 41, aus 09 44 wird 69 44

Tiere

Für Hunde ist ein auf englisch ausgefertigtes amtstierärztliches Gesundheitszeugnis (nicht älter als 14 Tage) und eine gültige Tollwut-Impfbescheinigung (nicht älter als 12 Mona-

te) mitzuführen. Wer einen der vielen jungen Hunde oder der vielen kleinen Kätzchen auf Rhodos so liebenswert findet, dass er das Tier mitnehmen will, braucht für die Einreise ins Heimatland die gleichen Dokumente.
Tierschutzverein: Tel. 02 41/06 92 24, www.raws.dk

Trinkgeld

Trinkgeld kann, aber muss man nicht geben. Wenn man eine Leistung honorieren will, sollte man allerdings Münzen aus dem Spiel lassen: Ein Trinkgeld von weniger als 50 Cents kommt einer Beleidigung gleich.

Verkehrsverbindungen

Busse/Stadtbusse
In der Stadt Rhodos verkehren sieben Buslinien zwischen etwa 7 und 21 Uhr. Auskunft über die Verbindung von der eigenen Unterkunft in die Innenstadt holt man sich am besten vom Hotelier oder Zimmervermieter. Innerhalb der Altstadt gibt es keinen Busverkehr. Für die Stadtbus-

Wegzeiten (in km) zwischen wichtigen Orten

	Émbonas	Faliráki	Flughafen	Kámiros Skála	Kattavía	Kolímbia	Líndos	Monólithos	Prassoníssi	Rhodos	Siána
Émbonas	–	49	46	13	51	39	61	18	58	59	23
Faliráki	49	–	22	56	67	12	34	67	74	15	62
Flughafen	46	22	–	47	85	35	57	72	92	13	67
Kámiros Skála	13	56	47	–	55	53	75	27	62	46	22
Kattavía	51	67	85	55	–	60	40	28	7	82	33
Kolímbia	39	12	35	53	60	–	26	57	66	26	52
Líndos	61	34	57	75	40	26	–	49	46	48	54
Monólithos	18	67	72	27	28	57	49	–	34	70	5
Prassoníssi	58	74	92	62	7	66	46	34	–	87	39
Rhodos	59	15	13	46	82	26	48	70	87	–	65
Siána	23	62	67	22	22	52	54	5	39	65	–

se müssen die Fahrkarten im Voraus an Kiosken oder am Schalter der Busgesellschaft RODA am Mandráki-Hafen gekauft werden. Der Fahrpreis ist unabhängig vom Fahrtziel immer gleich.

Überlandbusse
Linienbusse der Busgesellschaft 14on KTEL verbinden alle Dörfer der Insel mit Rhodos-Stadt. An den Bedürfnissen der Touristen orientieren sich die Busfahrpläne allerdings nur auf wenigen Routen, insbesondere nach Archángelos, Faliráki, Kámiros und Líndos. Ansonsten sind sie generell auf die Gewohnheiten der Landbevölkerung abgestellt, so dass die Busse morgens vom Dorf in die Stadt und nachmittags aus der Stadt auf die Dörfer fahren. Tagesausflüge per Linienbus in die Dörfer im Süden der Insel sind für Urlauber daher nicht möglich. In diesen Fällen braucht man einen fahrbaren Untersatz. Ansonsten sind Ausflüge per Bus durchaus zu empfehlen.

Aktuelle Fahrpläne sind beim Auskunftsbüro der Griechischen Zentrale für Fremdenverkehr in Rhodos-Stadt erhältlich. Abfahrtsort für alle Überlandbusse ist die Néa Agorá. Die Fahrkarten für Überlandbusse werden im Bus gelöst.

Taxis
Taxis stehen in Rhodos-Stadt, in den Touristengebieten, am Hafen und am Flughafen zu jeder Tages- und Nachtzeit in großer Zahl zur Verfügung. Man findet sie an gekennzeichneten Halteplätzen und vor den großen Hotels, man kann sie aber auch auf offener Straße anhalten oder telefonisch bestellen (Tel. 02 76 66).

Auch in den meisten Dörfern gibt es zumindest ein Agoréon. Es unterscheidet sich von den städtischen Taxis nur dadurch, dass es kein Taxameter hat. Der Fahrpreis wird hier aus einer Kilometertabelle abgele-

sen; pro Kilometer zahlt man etwa 7 Cents. Durch diverse Zuschläge ist das Tarifsystem allerdings etwas undurchschaubar. Auskünfte über den Aufenthalt des jeweiligen Dorftaxis erhält man am besten in den Dorfkafenía. Taxifahren ist auf Rhodos viel preiswerter als bei uns. Pro Taxi dürfen höchstens vier Fahrgäste befördert werden.

Mietfahrzeuge
Auto-, Motorrad- und Mopedvermieter gibt es selbst in den kleinsten Urlaubsorten. Fahrräder kann man in der Stadt Rhodos mieten. Preisvergleiche lohnen; außerhalb der Hauptsaison kann man oft Preisnachlässe von mehr als zehn Prozent aushandeln.

Zum Autofahren auf der Insel genügt der nationale Führerschein; das Mitführen der internationalen grünen Versicherungskarte ist empfehlenswert, aber nicht zwingend vorgeschrieben. Die Straße von Rhodos-Stadt über Líndos bis Kattavía ist sehr gut ausgebaut; die Westküstenstraße ist schmaler und kurvenreicher. Im Inselinneren sind zwar die meisten Straßen asphaltiert; unübersichtliche Kurven und überraschende Schlaglöcher machen jedoch eine vorsichtige Fahrweise ratsam.

Verkehrsregeln
Die griechischen Verkehrsregeln entsprechen weitgehend den unseren. In geschlossenen Ortschaften beträgt die zulässige Höchstgeschwindigkeit 50 km/h, auf Landstraßen 110 km/h (für Vespas und Motorräder 40 bzw. 70 km/h). Es besteht Anschnallpflicht, an die sich aber kaum ein Grieche hält. Die Promillegrenze liegt bei 0,5. Für Motorradfahrer gilt Helmpflicht. Auf Landstraßen sollte man vor allen unübersichtlichen Kurven hupen und sich strikt rechts halten – die Rhodier lieben es, Kurven zu schneiden!

Tankstellen

Tankstellen, auch mit bleifreiem Benzin, gibt es reichhaltig; die Kfz-Werkstätten sind meisterlich im Improvisieren. In der Stadt Rhodos und in Líndos sind Parkplätze knapp; bewachte Parkplätze und Parkhäuser fehlen völlig.

Wirtschaft

Der Tourismus ist der bedeutendste Wirtschaftszweig der Insel. Landwirtschaftsprodukte, die auch exportiert werden, sind Wein und Orangen. Industriebetriebe fehlen.

12,5 Millionen ausländischer Touristen, darunter etwa 2,5 Millionen Deutsche, lassen jährlich sieben Milliarden Dollar im Lande. Über 400 000 Griechen verdienen ihr Geld im Tourismus, halb so viel auf Schiffen, in Reedereien und in Häfen. Die Zahl der in der Landwirtschaft tätigen Griechen ging von 57 Prozent im Jahre 1950 auf nur noch 18 Prozent heute zurück. Eine zunehmende Verstädterung ist die Folge, während in den Dörfern überwiegend nur noch die Alten zurückblieben. Ein Grund für die Wettbewerbsschwäche der griechischen Landwirtschaft in Europa ist die Zersplitterung des Grundbesitzes. 80 Prozent aller Bauern besitzen weniger als 5 Hektar Land, nur 1 Prozent mehr als 20 Hektar.

Die Arbeitslosigkeit beträgt in Griechenland offiziell etwa 11 Prozent. Trotzdem finden immer mehr ausländische Arbeiter, insbesondere aus Albanien und den osteuropäischen Staaten, Jobs, die kein Grieche zum angebotenen Lohn übernehmen möchte.

Zeitungen

Deutsche Tageszeitungen sind mit eintägiger Verspätung an vielen Kiosken in der Stadt Rhodos und in den Touristenzentren erhältlich.

Zeitverschiebung

In Griechenland gilt die osteuropäische Zeit. Die Uhren zeigen also das ganze Jahr über eine Stunde später an als bei uns, da die Sommerzeit im gleichen Zeitraum wie hier zu Lande in Kraft tritt. Wenn es in Mitteleuropa 12 Uhr ist, ist es also in Griechenland 13 Uhr.

Zoll

Am 1. Januar 1993 sind die Zollkontrollen an den Binnengrenzen der Europäischen Gemeinschaft entfallen (nicht jedoch etwaige Sicherheitskontrollen). Mengenmäßige Ein- und Ausfuhrbeschränkungen für Tabak, Alkohol etc. gibt es somit innerhalb der EU nicht mehr. Es muss allerdings erkennbar sein, dass die Waren, die Sie mitführen, ausschließlich für den Privatgebrauch bestimmt sind. Sollten die Grenzbehörden den Verdacht haben, dass Sie mit den Waren handeln, werden Sie zur Versteuerung herangezogen.

Als Indikativmengen für den Privatverbrauch gelten 800 Zigaretten oder 400 Zigarillos oder 200 Zigarren, 10 Liter hochprozentiger Schnaps oder 20 Liter Aperitif, 90 Liter Wein oder 60 Liter Schaumwein und 110 Liter Bier.

Für Schweizer gelten weiterhin die alten Mengenbegrenzungen von 200 Zigaretten, 1 Liter Spirituosen und 2 Liter Wein. Der zollfreie Einkauf (Duty free) ist seit Juli 1999 im Verkehr zwischen EU-Ländern abgeschafft.

5500 v. Chr.
Erste nachweisbare Besiedlung des Dodekanes.

1500 v. Chr.
Kreter gründen an Rhodos' Küsten Handelsniederlassungen.

1400 v. Chr.
Achäer vom Peloponnes siedeln auf Rhodos.

1150 v. Chr.
Dorer besetzen die Insel und gründen die Städte Iálissos, Líndos und Kámiros.

900 v. Chr.
Die drei rhodischen Städte schließen sich mit Kos und den kleinasiatischen Städten Knidos und Halikarnassos (heute: Bodrum) zum Sechsstädtebund (Hexapolis) zusammen.

7. Jh. v. Chr.
Die rhodischen Städte gründen Kolonien auf Sizilien und am Schwarzen Meer. Rhodos entwickelt sich zu einer bedeutenden Seehandelsmacht.

550 v. Chr.
Kleoboulos regiert in Líndos.

529 v. Chr.
Rhodos wird von Persien abhängig.

490–479 v. Chr.
Rhodos kämpft in den Perserkriegen auf persischer Seite gegen die griechischen Städte, schließt sich dann aber dem Attisch-Delischen Seebund an.

412/411 v. Chr.
Die Athener greifen Kámiros an. Danach vertreiben die drei rhodischen Städte gemeinsam die athenische Flotte.

408 v. Chr.
Die drei rhodischen Städte machen sich von der athenischen Vorherrschaft frei und gründen gemeinsam die neue Stadt Rhodos.

336 v. Chr.
Rhodos verbündet sich mit Makedonien unter Alexander dem Großen.

323 v. Chr.
Die Rhodier vertreiben nach dem Tod Alexanders des Großen die Makedonier von der Insel.

305 v. Chr.
Rhodos widersteht einer Belagerung durch Demetrios Poliorketes und stellt als Siegesdenkmal den Koloss von Rhodos auf, der als eines der sieben antiken Weltwunder bekannt ist.

227 v. Chr.
Die Römer erklären die Insel Delos zum Freihafen und schädigen dadurch den rhodischen Handel stark. Ein verheerendes Erdbeben zerstört die Stadt.

31 v. Chr.
Kaiser Augustus erklärt Rhodos zu einem innenpolitisch autonomen, aber von Rom abhängigen Staat.

44
Kaiser Claudius kommt nach Rhodos und erklärt die Insel zu einer römischen Provinz.

59
Der Apostel Paulus besucht der Legende nach Rhodos.

81
Kaiser Titus gibt Rhodos die innere Autonomie zurück.

155
Ein schweres Erdbeben richtet verheerende Zerstörungen an.

269
Die Goten plündern die Insel.

297
Kaiser Diokletian erklärt Rhodos wieder zur römischen Provinz.

395
Bei der Reichsteilung fällt Rhodos an Ostrom.

726–843
Bilderstreit im Byzantinischen Reich. Zahlreiche Ikonen und Wandmalereien werden vernichtet; während und kurz nach dem Bilderstreit entwickelt sich die orthodoxe Theologie der Ikonen.

7.–9. Jh.
Rhodos leidet unter Überfällen durch Araber, Piraten und Franken.

1306–1309
Die Johanniter erobern Rhodos.

1480
Sultan Mehmet II. belagert Rhodos 90 Tage lang, muss jedoch erfolglos abziehen.

1522
Der türkische Sultan Süleiman der Prächtige belagert Rhodos sechs Monate lang.

1523
Am 1. Januar verlassen die Johanniter die Insel; viele Rhodier folgen ihnen nach Malta.

1856
Ein Blitz schlägt in ein Pulverdepot der Ritter im Großmeisterpalast ein und vernichtet ihn.

1912
Die Italiener erobern Rhodos in einer Schlacht beim Dorf Psínthos.

1923
Im Vertrag von Lausanne erhält Italien die Herrschaft über den Dodekanes.

1943
Deutschland löst Italien als Besatzungsmacht ab. Etwa 2000 rhodische Juden kommen in deutschen Vernichtungslagern um.

1945
Britische Truppen befreien Rhodos.

1947
Am 31. Dezember werden Rhodos und alle Inseln des Dodekanes ein Teil Griechenlands.

1967–1974
Militärdiktatur in Griechenland; die Junta stürzt, als türkische Truppen große Teile Zyperns erobern.

1975
Die griechische Monarchie wird nach einer Volksabstimmung abgeschafft, Griechenland wird parlamentarische Präsidialdemokratie.

1981
Griechenland wird EG-Mitglied.

1994
Griechenland nimmt erstmals an einer Fußballweltmeisterschaft teil.

1996
Nach dem Tod des Altpolitikers Andréas Papandréou wird Kóstas Simítis Premierminister. Neuwahlen bestätigen ihn im Amt.

2001
Griechenland wird als zwölftes Land in die Europäische Währungsunion aufgenommen.

2002
Der Euro ersetzt die Drachme als Landeswährung.

In allen größeren Hotelanlagen wird auch Deutsch gesprochen, in kleineren Hotels, in Restaurants und Souvenirgeschäften von Fall zu Fall. Hauptverkehrssprache im Tourismus ist Englisch. Orts- und Straßenschilder weisen fast immer eine Umschrift in lateinischen Buchstaben auf. Für diesen Reiseführer wurde nicht die international normierte Umschrift aus dem Griechischen gewählt, sondern eine, die deutschsprachigen Reisenden die richtige Aussprache griechischer Wörter möglichst erleichtert. So schreiben wir nicht nach traditioneller Art »Kalymnos« sondern »Kálimnos«. Der Akzent zeigt die betonte Silbe an, mit einem Vokal beginnende, groß geschriebene Wörter (Eigen- und Ortsnamen) ohne Akzent werden stets auf der ersten Silbe betont. Für die Verständlichkeit ist richtige Betonung meist wichtiger als eine korrekte Aussprache! Als Faustregel für die Aussprache gilt, dass alle Silben kurz und die Vokallaute offen ausgesprochen werden.

Zum kleinen Grundwortschatz sollten die Zauberwörter **efcharistó** (danke) und **parakaló** (bitte) gehören und als Ausdruck von vielseitiger Verwendbarkeit **jássas**. Das sagt man zur Begrüßung (wie »Guten Tag«, »Grüß Gott« und »Grüezi«), zum Abschied (wie »Tschüs«, »Servus« und »Ade«), beim Heben der Gläser (»Prosit«) und wenn der Gegenüber niest »Gesundheit« – was denn auch die Grundbedeutung dieses Wortes ist. Die Griechen freuen sich, wenn ihre Besucher sich bemühen, zumindest einige Floskeln in der Landessprache zu beherrschen. Probieren Sie es einmal.

Das griechische Alphabet

Großbuchstabe	Kleinbuchstabe	Name	Ausspracheregeln	Umschreibung
A	α	álfa	kurzes a wie in »Hand«	a
B	β	wíta	w wie »Wonne«	w
Γ	γ	gámma	j wie in »Jonas« vor den Vokalen -i und -e, weiches g vor den übrigen Vokalen	j, g
Δ	δ	délta	wie stimmhaftes engl. th, z. B. in »the«	d, D
E	ε	épsilon	e wie in»Bett«	e
Z	ζ	síta	stimmhaftes s wie in »Rose«	s
H	η	íta	kurzes i wie in »Ritt«	i
Θ	θ	thíta	wie stimmloses engl. th, z. B. in »thanks«	th
I	ι	jóta	i wie in »Ritt«	i
K	κ	káppa	k wie in französisch »col«	k
Λ	λ	lámbda	l wie im Deutschen	l
M	μ	mi	m wie im Deutschen	m
N	ν	ni	n wie im Deutschen	n
Ξ	ξ	ksi	ks wie »Axt« oder »Lachs«	x
O	o	ómikron	o wie »oft«	o

Groß-buch-stabe	Klein-buch-stabe	Name	Ausspracheregeln	Um-schrei-bung
Π	π	pi	p wie im Französischen »pomme«	p
P	ρ	ro	Zungenspitzen-R wie im Italienischen	r
Σ	σ,ς	sigma	stimmloses s wie in »Tasse«; stimmhaftes s wie in »Rose« vor stimmhaften Konsonanten	s, ss s
T	τ	taf	t wie im Französischen »tableau«	t
Y	υ	ípsilon	kurzes i wie in »Ritt« w wie in »Wonne« nach Alfa und Epsilon, wenn ein stimmhafter Konsonant folgt f wie in »Fehler« nach Alfa und Epsilon, wenn ein stimmloser Konsonant folgt	i w f
Φ	φ	fi	f wie in »Fehler«	f
X	χ	chi	ch wie in »ach« vor a-, o- und u-Lauten sowie vor Konsonanten ch wie in »ich« vor e- und i-Lauten	ch ch
Ψ	ψ	psi	ps wie in »Pseudonym«	ps
Ω	ω	ómega	o wie in »oft«	o

Buchstabenkombinationen

AI	αι	álfa-jóta	e wie in »Bett«	e
EI	ει	épsilon-jóta	i wie in »Ritt«	i
OI	οι	ómikron-jóta	i wie in »Ritt«	i
OY	ου	ómikron-ípsilon	u wie in »bunt«	u
AY	αυ	álfa-ípsilon	af wie in »Affe« vor stimmlosen Konsonanten, in allen anderen Fällen aw wie in »Avus«	af aw
EY	ευ	épsilon-ípsilon	ef wie in »Effekt« vor stimmlosen Konsonanten, in allen anderen Fällen ew wie in »Beweis«	ef ew
ΓΓ	γγ	gamma-gamma	ng wie in »lang«	ng
ΓX	γχ	gamma-chi	Lautkombination ngch	ngch
MΠ	μπ	mi-pi	In Fremdwörtern (meist am Wortanfang) wie deutsches b, in Wortmitte (außer bei Fremdwörtern) mb wie in »Amboss«	b mb
NT	ντ	ni-taf	wie oben: in Fremdwörtern ... wie deutsches d, im Wortinneren ... wie nd in »Anden«	d nd
ΓK	γκ	gamma kappa	wie oben: in Fremdwörtern ... wie deutsches g, im Wortinneren ... wie ng in »lang«	g ng

Wichtige Wörter und Ausdrücke

Alle griechischen Worte sind in Lautschrift wiedergegeben.

Ja	*Nä*
Nein	*Óchi*
Vielleicht	*íssos*
Bitte	*Parakaló*
Danke	*Efcharistó*
Wie bitte?	*Oríste*
Und	*Kä*
Ich verstehe nicht	*Denn katalawéno*
Entschuldigung	*Signómi*
Guten Morgen	*Kaliméra*
Guten Tag	*Kaliméra*
Guten Abend	*Kalispéra*
Gute Nacht	*Kaliníchta*
Hallo	*Jássas*
Ich heiße	*Mä léne ...*
Ich komme aus...	*Íme ápo ...*
Wie geht's	*Ti kánete*
Danke, gut	*Kalá*
Wer, was, welcher	*Pjoss, ti, pjoss*
Wie viel	*Pósso*
Wo ist ...	*Pu íne*
Wann	*Pótte*
Wie lange	*Possón keró*
stündlich	*káthe óra*
täglich	*káthe méra*
Sprechen Sie Deutsch?	*Miláte jermaniká?*
Auf Wiedersehen	*Adío*
Wie wird das Wetter?	*Poss tha íne o keróss*
heute	*símera*
morgen	*áwrio*

Zahlen

eins	*énnas, mía, énna*
zwei	*dío*
drei	*tris, tría*
vier	*tésseris, téssera*
fünf	*pénde*
sechs	*éksi*
sieben	*eftá*
acht	*októ*
neun	*ennéa*
zehn	*dékka*
20	*íkossi*
30	*tríanda*
40	*saránda*
50	*penínda*
60	*eksínda*
70	*efdomínda*
80	*okdónda*
90	*ennenínda*
100	*ekkató*
1000	*chíljes*
10 000	*dékkachiljádes*
1 000 000	*énna ekkatomírio*

Wochentage

Montag	*deftéra*
Dienstag	*tríti*
Mittwoch	*tetárti*
Donnerstag	*pémpti*
Freitag	*paraskewí*
Samstag	*sáwato*
Sonntag	*kiriakí*

Mit und ohne Auto unterwegs

Wie weit ist es nach ...	*pósso makriá ine ja ...*
Wie kommt man nach ...	*poss póro na páo ja ...*
Wo ist ...	*pu íne ...*
die nächste Werkstatt	*to sinerjío edó kondá*
der Bahnhof/ Busbahnhof	*o stathmós/o stathmós leoforíon*
eine U-Bahn	*énne stathmós tu elektrikú*
der Flughafen	*o aeropórto*
die Touristen- information	*to praktorío turisti-kón pliroforíon*
die nächste Bank	*mía trápesa edó kondá*
die nächste Tankstelle	*énna wensinádiko edó kondá*
Ich möchte ...	*tha íthela ...*
Ich will ...	*thélo ...*
Wissen Sie ...?	*ksérete ...?*
Haben Sie ...?	*échete ...*
Wo finde ich ...	*pu ine edó ...*
– einen Arzt	*– énna jatró*
– eine Apotheke	*– énna farmakío*
Bitte volltanken!	*jemíste, parakaló*
Normalbenzin	*wensíni aplí*
Super	*supér*
Diesel	*petrélio*

bleifrei	amóliwdi
rechts/links/ geradeaus	deksjá/aristerá/ efthía
Ich möchte ein Auto/ein Fahrrad mieten	thélo na nikjásso enna aftokínito/ énna podilato
Wir hatten einen Unfall	íchame énna atíchima
Eine Fahrkarte nach ... bitte	énna issitírjo ja ...m parakaló

Hotel

Zimmer	domátio
Bett	krewáti
Pension	pansión
Haus	spíti
Küche	kusína
Toilette	tualétta
mit Dusche	me dous
Bad	bánjo
Frühstück	proinó
Schlüssel	klithí
Preis	timí
Ich suche ein Hotel	psáchno énna ksenodochío
Ich suche ein Zimmer	psáchno énne domátjo
für 2/3/4 Personen	ja dio/tría/téssera átoma
Haben Sie ein Zimmer frei	échete enna domátjo léfthero
– für eine Nacht	– ja mía níchta
– für zwei Tage	– ja dio méres
– für eine Woche	– ja mía ewdomáda
Ich habe ein Zimmer reserviert	éklissa énna domátjo
– mit Frühstück	– mä pro-i-nó
– mit Halbpension	– mä énna jéwma
Kann ich das Zimmer sehen?	bóro na to do
Ich nehme das Zimmer	na to páro
Kann ich mit Kreditkarte zahlen	bóro na plirósso mä pistotiki kárta?
Haben Sie noch Platz für ein Zelt/einen Wohnwagen?	ipárchi akóma méros ja mía skiní/énna trochó-spito?

Restaurant

Die Speisekarte bitte	ton katálogo, sass parakaló
Die Rechnung bitte	to logarjasmó, parakaló
Alles zusammen, bitte	ólla masí, parakaló
Ich hätte gern einen Kaffee	tha íthela énna kaffé
Ist dieser Stuhl noch frei?	íne eléftheri aftí í thési?
Wo sind die Toiletten?	pu íne i tualéttes?
Damen/Herren	Jinékes/ándres
Kellner	garssón
Frühstück	pro-i-nó
Mittagessen	jéwma
Abendessen	dípno

Einkaufen

Wo gibt es	pu échi, pu ipárchi
Haben Sie	échete
Wie viel kostet das?	pósso échi/pósso kostísi
Das ist sehr teuer	íne polí akriwó
Geben Sie mir bitte	dóste mu, sass parakaló
100 g/ein Pfund/ein Kilo	ekkató grammária/ mísso kiló/énna kiló
Danke, das ist alles	Aftá, efcharistó
geöffnet/ geschlossen	aniktó/klistó
Bäckerei	artopoío, fúrnos
Kaufhaus	polikatástima, emborikó
Metzgerei	kreopolío
Lebensmittelgeschäft	pandopolío, míni-márket
Briefmarken	grammatóssima
für einen Brief/ eine Postkarte	ja éna grámma/ ja mía kárta
nach Deutschland/Österreich/in die Schweiz	ja tin jermanía/ ja tin afstría/ ja tin elwetía
eine Telefonkarte	mía tilekárta

1

2

A e g e a n S e a

3

Alimniá

Vou
26

Sfira

Alimia
Bay

Ág. Theodoros

C.
Mermingas

Maelonisi

Pano
Prasouda

12

C. Armeno

Maístros
593

C. Kefali

Chálki

Ágía Marina

Nimbório
(Chálki)

483

M. Ág.
Ioannis

Nisaki

Kato
Prasouda

Krevati

4

C. Matsouka

C. Ichala

Nipouri

D   E   F

1

2 *Aner*

C. Ág. Mina

Kámiros   Kala

⊿ **4**

Ág.Anna

17

C. Katsouni

Sálakos

Prof.Ilias

C. Kopria   ○ **Mandrikó**

3

Ág.Georgios   ○ **Kapi**

Kritinla Castle (Kastelos)   **Kámiros** *·780*

Minas   *101*   **Skála**   **Nani**   **Panagia**

Makrí   **Kritinía**   **Kariona**

·504

Strongili

Paleochora   **Panagia**   **Émbonas**

oússia   **Amártou**

Ág.   **Assoúri**

Loannis   *367*

4

1216

Glifáda   17   *Frameno*   ┬ **M. Artamiti**

1085

Glifáda   *·609*

Lakki   *·1071*   **Ág.Sofia**

Prof.   *Voskotopi*

Avákoum ┬   **Stelles**   *Ág.*

D   *Zoodochos*   E   *Ág*   *Isidoros*   *Kamoli*   0   5 km

   Pigi   *Georgio*   *564*

  © **MERIAN**-Kartographie   **N**

mitis   *823*   *Siána*   *Láerma*

5

A e g e a n

Soroni

Fanes

13

Theológos

Anemomilos   Soróni   Ág.Loukas

6

Fánes

C. Ág. Mina   Kámiros

4

Kalavárda

Ág.Faneromeni

Pa
Ka

Ág.Georgios

17

Ág.Anna

Psín
4

Sálakos

Ág.Ioannis

Mandrikó

Dimilia

7

Kapi   Prof.Ilias

5

Eleoúsa

Ág.Georgios   Ág.Nikolaos

opria   Nani   *780*   Fountoukli   *651*

Kámiros   Platania

os   Skála   Panagia   Apóllona   Ág.Thoma

Kritinía   *504*   Kariona

Panagia
Amártou

Émbonas

Ág.
Loannis
1216
Frameno
1085

Assoúri
367

402

8

M. Artamiti

Mt Attáviros

M.Kamiri

609

Stavros

348

1071
Voskotopi Ág.

Ág.Sofia

Ág
Georgios   Isidoros *Tsamoli*
564

17

Láerma

Gaidour

Ág. Ioannis

Sea

D   E   F

C.Koumbourno

① ② ⑥ ⑧

Ixiá

RHODOS

5

Kritiká

14

Kremasti

Triánda

Ág. Marina

8

Asgourou

Ág.Ioannis

Mt.Filerimos
267 Ialissos

Paradíssi

Pastida

Koskinoú

C.Vódi

Damatria

Káto
Kalamónas

11

Ág.Minas

Kallithea

261

2

6

Maritsá

416

M.Ág.Eleousis

Epáno
Kalamónas

Ág.Ioannis

Faliráki

Petaloudes

Kalithiés

452

nia
tra

Ág.Georgios
Psalida
331

M.Prof. Ámos

C. Ladikou

Psínthos

Afandou

Traganou

12

7

Ág.Nikolaos

Afandou

M.Pahagias Paramithias

Ág.Nektários

hí…olis

465

Loutanis

Kolímbia

Eptá Pigés

C. Vagia

424

351

465

Panagia Tsambika

Tsambika

8

Archángelos

Stegna

Ialónas

Prof. Ilias

'5

Ág.Georgios

C. Archangelou

Másari

Kilsouras
Bay

Charáki

Feráklos

C. Omvriaki

0   5 km

© MERIAN-Kartographie

N

20

Masari

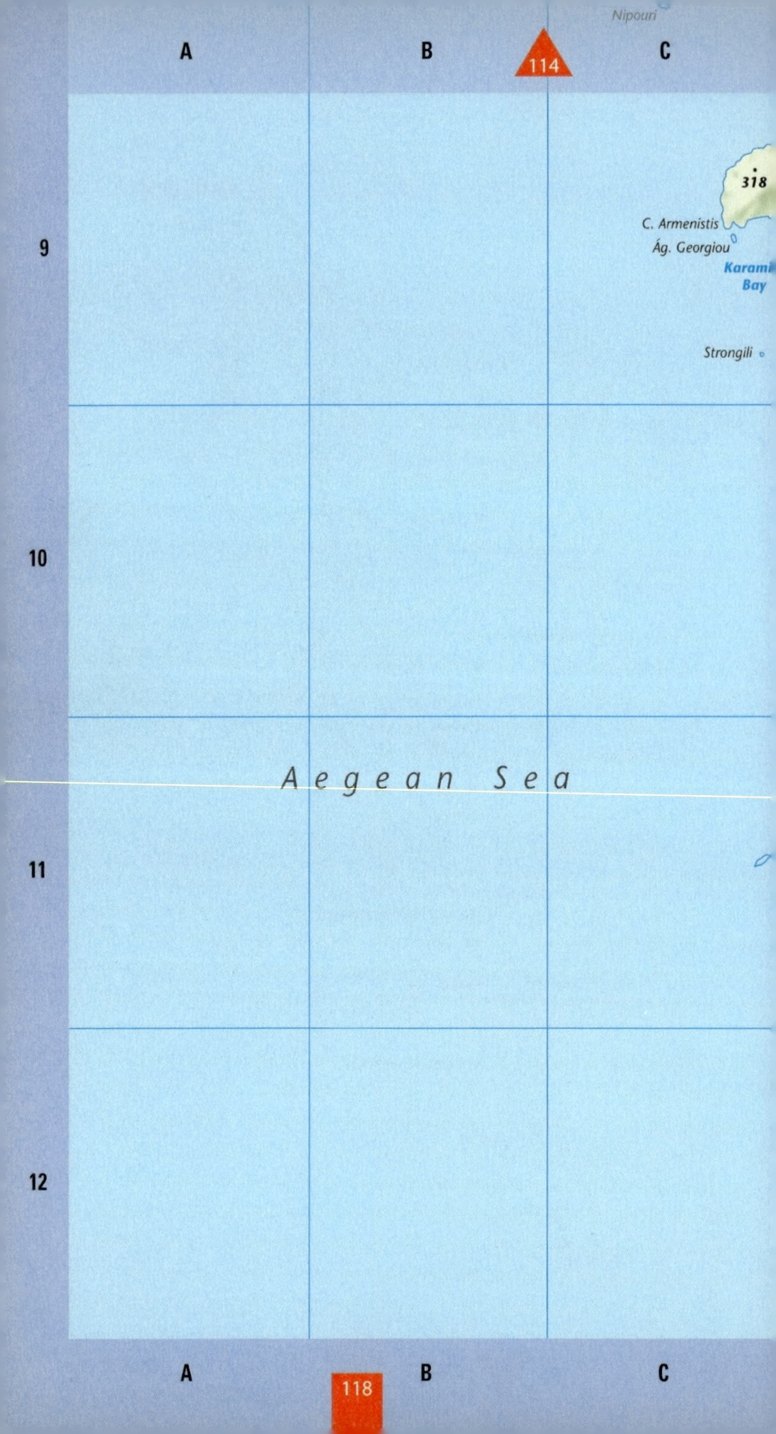

	A	B	C

Nipouri

318

C. Armenistis
Ág. Georgiou

Karami
Bay

Strongili

9

10

A e g e a n   S e a

11

12

M t Attávi

A

B

Stó

C M.Kamíri

116

348

Mt 1071

Voskotópi

Ág. Isídoros

Tsamóli
564

Láerma

Goidouras

Ág. Geórgios

Ág. Ioánnis

13

M. Thári

376

Kál

M. Ínko

Ístrios

Profília

M. Ipsenís

Pilonas

Lardos

M
Ág. Marína
384

Ág. Ioánnis

Ág. Gergios

Asklípion

Lardos

16

Glístra

18

Lardos

14

M.Filímonos

Vátion

Kiotári

Kiotári

Troúlos
515

Arch.
Michaíl

245

Ág. Ioánnis

Gennádi

Gennadi

119

Mesanagrós

562

Ág. Geórgios

383

Prof.
Ilías

324

Ág. Ioánnis

13

319

Ág. Geórgios

M

15

9

Lachaniá

Ág.
Iríni

Lachaniá

nonás

C. Angomasi

8

Ág. Pavlos

Chochlakás

Ág. Loúkas

Geórgios

Plimíri

16

C. Germata

aissi

A

B

120

C

Másari

Ág.Georgios

C. Archangélou

Kilsos Bay

117

Charáki

Feráklos

C. Omvriaki

Masari

Reni Bay

Vlicha

C. Ág. Emilianos

LÍNDOS

359

Lindos

Pendanisi

Ág. Thomas

Péfki

Pende Vrachi

C. Ginas

diterranean   Sea

13

14

15

16

D

E

F

0   5 km

© MERIAN-Kartographie

N

Orts- und Sachregister

Hier finden Sie alphabetisch aufgeführt alle in diesem Band beschriebenen Orte und Ziele, Routen und Touren. Bei einzelnen Sehenswürdigkeiten steht jeweils der dazugehörige Ort in Klammern, bei Hotels steht zusätzlich die Abkürzung H für Hotel. Außerdem enthält das Register wichtige Stichworte sowie alle MERIAN-Tipps dieses Reiseführers. Wird ein Begriff mehrfach aufgeführt, verweist die **fett** gedruckte Zahl auf die Hauptnennung im Band.

Besuchen Sie den Geburtsort Europas, und genießen Sie eine der schönsten Landschaften des Mittelmeeres.

MERIAN erhöht den Erlebniswert jeder Reise – ob vor Ort oder in Gedanken zu Hause. Jeden Monat entführt MERIAN seine Leser mit faszinierenden Fotos und aufregenden Reportagen renommierter Fotografen und Autoren zu den schönsten und interessantesten Plätzen der Welt. MERIAN bietet außerdem einen umfangreichen Service- und Kartenteil mit ausgewählten Tipps und exklusiven Adressen. MERIAN – mit allen Sinnen verreisen.

MERIAN
Die Lust am Reisen

IMPRESSUM

Liebe Leserinnen und Leser,

Sie haben die komplett aktualisierte Neuausgabe 2002 von MERIAN live! vor sich, die von unserem Autor vor Ort nachrecherchiert wurde. Wir freuen uns, Ihre Meinung zu diesem Reiseführer zu erfahren. Bitte schreiben Sie uns, wenn Sie Berichtigungen und Ergänzungsvorschläge haben oder Ihnen etwas besonders gut gefällt.

Gräfe und Unzer Verlag, Reiseredaktion, Postfach 86 03 66, 81630 München
E-Mail: merian-live@graefe-und-unzer.de

Alle Angaben in diesem Reiseführer sind gewissenhaft geprüft. Preise, Öffnungszeiten usw. können sich aber schnell ändern. Für eventuelle Fehler übernimmt der Verlag keine Haftung.

Redaktion: Bärbel Kupec
Kartenredaktion:
Reinhard Piontkowski

Bei Interesse an Karten aus MERIAN-Reiseführern schreiben Sie bitte an: iPublish GmbH, geomatics, Berg-am-Laim-Straße 47, 81673 München. E-Mail: geomatics@ipublish.de

Gestaltung: Ludwig Kaiser
Karten: MERIAN-Kartographie
Produktion: Maike Harmeier
Satz: H3A GmbH, München
Druck und Bindung:
Stürtz AG, Würzburg

Alle Fotos F. Dressler außer:
Bilderberg 65 u; Caputo/laif 2, 16/17, 24/25, 51, 74/75, 78/79, 92/93; P. Fischer 37 o, 57 m, 71; J. Jepsen 76/77; srt-Bild 12/13; Transglobe Agency 101 m; Ch. Tsolodimos 89

ISBN 3–7742–0547–7

Gedruckt auf Luxosamtoffset von Schneidersöhne Papier.

Auflage   5.   4.   3.   2.   1.